Karin Welters

Frauen morden sanfter

Karin Welters

Frauen morden sanfter

Kurz-Krimis

LitArt-World

ISBN-13: 978-3-948078-19-5

Published by © LitArt-World, 2019

Inhalt:

Einmal Dauerwelle bitte

Einmal Dauerwelle, bitte!

Seit 52 Jahren sortierte Adele von dienstags bis samstags von halb acht bis acht in einem frisch gestärkten, weißen Kittel die Lockenwickler nach Größen und Farben. Ihre etwas gichtigen Hände bereiteten ihr an jenem trüben Mittwoch im Oktober ein wenig Unbehagen, doch sie ließ sich Ewald gegenüber nichts anmerken. Der war um diese Zeit, wie immer, mit der Abrechnung des Vortages beschäftigt. Adele schaute liebevoll zu ihrem Mann hinüber, der sich ganz auf sein Tun konzentrierte. Seine Halbglatze schimmerte im Neonlicht und Adele schwelgte für einen kurzen Moment in Erinnerungen an die Zeit, als sie ihn kennenlernte. Gut, er war nicht besonders groß mit seinen 1,64m, ein Grund, warum Adele ihr ganzes Leben immer nur flache Schuhe trug. Aber seine vollen, dunkelblonden Locken und seine lebendigen, blauen Augen hatten es ihr bei ihrer ersten Begegnung – damals, vor 54 Jahren – angetan.

Das ‚Rrrretsch' der alten Rechenmaschine, wenn Ewald den seitlichen Griff herunterdrückte, holte sie in die Gegenwart zurück. Kurze Zeit später hielt sie einen Abriss von der vergilbten Papierrolle in der Hand – eine kurze Zahlenreihe, die wieder einmal bestätigte, dass der Tagesumsatz weiter gesunken war. Adele war froh, dass das Haus abbezahlt war und die Rente ausreichte, um den Salon mehr oder weniger als Freizeitvergnügen weiter betreiben zu können. Nein – leben konnten sie von den ständig schrumpfenden Einkünften nicht mehr. Aber… was hätten sie sonst tun sollen? Außerdem hatten sie und Ewald, davon war Adele felsenfest überzeugt, noch eine sehr, sehr wichtige Aufgabe auf Erden zu erfüllen.

Pünktlich um acht Uhr schlurfte Ewald zur Tür und drehte den Schlüssel, um unangemeldete Kunden einzulassen, die ohnehin seit Jahren nicht mehr vor dem Geschäft in der ruhigen Seitenstraße warteten. Adele seufzte. Als die Umgehungsstraße vor 15 Jahren fertig gestellt und eingeweiht wurde, atmeten die Anwohner erleichtert auf, aber sie und Ewald wussten, dass davon nur die umliegenden Friseursalons profitieren würden, denn die Laufkundschaft verirrte sich nie in ruhige Nebenstraßen.

Ein wenig umständlich setzte Adele ihre Brille auf und sah im großen Terminbuch nach, welche Kundinnen sich an jenem Mittwoch für einen Besuch angemeldet hatten. Nur zwei Namen waren verzeichnet: Helene Baumann um 09.30 Uhr und Selma Taubert um halb elf. Und beide, so besagten die Eintragungen, wollten eine Dauerwelle. Adele lächelte leise in sich hinein, denn die beiden über 80jährigen, langjährigen Stammkundinnen hatten bestimmt viel Neues zu berichten.

Adele blieb reichlich Zeit, die dunkle Wandvertäfelung aus Mahagoni mit Politur und den grünen Linoleumboden mit Bohnerwachs zu bearbeiten und alles zum Glänzen zu bringen. Ja, Adele legte großen Wert auf ein gepflegtes und wohlriechendes Ambiente. Das war sie ihren treuen Kundinnen schuldig.

Pünktlich um 09:30 Uhr wurde Helene Baumann von ihrer fürsorglichen Tochter Gaby in den Salon geleitet. Helene bevorzugte stets den Platz unmittelbar am Fenster und ließ sich ächzend in den höhenverstellbaren Lehnstuhl fallen.

„Hallo, Adele! Wie geht's?"

„Grüß dich, Helene. Ganz gut. Und dir?"

„So lala. Wenn dieses ständige Herzrasen nicht wär, ging es mir besser."

„Ach. Seit wann hast du das denn?"

„Nun... seit etwa vier Wochen."

„Und was sagt der Arzt dazu?"

„Pah! Ärzte! Hör mir auf mit denen. Die finden immer mehr Krankheiten, als du Beschwerden hast."

Nach einer kurzen Pause fuhr sie fort: „Denk nur an die arme Berta. Kaum, dass sie die Dosis ihrer Pillen gegen ihr schreckliches Rheuma erhöhte, segnete sie das Zeitliche."

„Ja wir vermissen sie alle. Viele unserer Kundinnen sterben uns weg."

Ewald trat hinzu. „Was macht Theo?", fragte er.

Helene wandte sich ihm zu. „Danke. Theo geht's gut. Seine Arthrose setzt ihm zwar heftig zu, aber das ist nun mal so, wenn man auf die neunzig zugeht."

„Da sagst du was."

Adele schob Ewald zur Seite. „Nun lass mich meine Arbeit tun. Schließlich ist Helene hier, um sich verschönern zu lassen." Mit einem Augenzwinkern fügte sie hinzu: „Die Zeit beim Friseur wollen unsere Damen nicht auch noch mit Gesprächen über ihre Ehemänner verbringen. Gerade *die* wollen sie einmal für kurze Zeit vergessen. Nicht wahr, Helene?"

„Das ist wohl wahr", schmunzelte die Kundin.

Helene beugte sich nach vorn, über das große, viereckige Waschbecken, an dem vor Jahrzehnten ein Stück Emaille abgesplittert war und drückte den obligatorischen Waschlappen vor die Augen, während Adele die Haare mit Shampoo einrieb.

Kurze Zeit später drehte Adele die kleinen, rosafarbenen, gebogenen Lockenwickler in das weiße Haar ihrer Kundin. Sie holte die Flasche mit der Thioglykolsäure aus dem Regal und führte die Spitze der Flasche an jedem einzelnen Lockenwickler entlang. Dann legte sie Helene eine Reihe von Zeitschriften der Regenbogenpresse vor und fragte: „Möchtest du einen Kaffee, Helene? Wie immer?"

„Nein, liebe Adele. Seit ich dieses Herzrasen habe, kann ich keinen Kaffee mehr vertragen."

„Wie wär's dann mit einem Wasser?"

„Ja gern", erwiderte Helene und griff begierig nach den Zeitschriften, die sich mit Schlagzeilen über diverse Königshäuser gegenseitig übertrumpften. Schließlich tränkte Adele das vorbehandelte Haar ihrer Kundin mit Wasserstoffperoxid, damit die Locken für einige Zeit ihren Halt bewahrten.

Wieder läutete die Messingtürglocke und Selma Taubert humpelte herein. Ewald begrüßte sie: „Guten Tag, Selma. Wie geht es dir?"

„Frag nicht“, stöhnte die dürre, alte Dame und stützte sich auf ihrem Ebenholzstock mit dem silbernen Griff ab. „Frag nicht, Ewald. Ich wünschte, der liebe Gott würde mich holen.“

„Aber Selma! So etwas sagt man doch nicht!“

„Lass es gut sein, Ewald. Wenn einem jeden Morgen die Knochen wehtun, dann fällt das Aufstehen schon arg schwer.“

Sie erblickte Helene. „Ach schau einmal an – unsere liebe Helene ist auch mal wieder da.“

„Grüß dich, Selma“, tönte die Weißhaarige mit den Lockenwicklern. „Sieht man *dich* auch mal wieder?“

„Na ja – wozu der Friseurbesuch doch gut ist.“

„Sag mal, Selma, wo warst du denn bei Bertas Beerdigung am letzten Freitag? Wir haben dich vermisst“, fragte Adele dazwischen.

Selma schüttelte den Kopf.

„Ich kam an dem Morgen einfach nicht hoch. Du weißt doch – mein Rheuma. Es wird immer schlimmer.“

„Ja, das war bei Berta auch so, nicht wahr?“, meldete sich Ewald.

„Du sagst es, Ewald. Du sagst es. Die Ärmste“, bedauerte Selma die ehemalige Freundin.

„Ja, aber jetzt ist sie erlöst“, erwiderte Helene.

Adele nickte: „Ja, ihr geht es erheblich besser auf der anderen Seite als uns hier.“

„Und ob“, pflichtete Selma bei, „ich wünschte, es ginge bei mir genauso schnell wie bei Berta.“

Ewald und Adele wechselten einen schnellen Blick und Adele errötete. Gott sei Dank bemerkten weder Helene noch Selma den kleinen Vorfall.

Während Adele die Chemikalie aus Helenes Haar wusch, plauderten Ewald und Selma weiter.

„Wie ich hörte“, bemerkte Selma, „war Berta nur wenige Tage vor ihrem Tod noch bei euch. Stimmt das?“

„Oh ja“, bestätigte Ewald. „Ihr Haar war ganz prächtig zurechtgemacht, wie wir hörten. Bertas Freundin Maria erzählte, dass sie aussah, als ob sie schliefe, als sie sich am offenen Sarg von ihr verabschiedete.“

Selma runzelte die Stirn. „Wenn man es nicht besser wüsste... man könnte meinen, dass der Besuch bei euch ein böses Omen bedeutet.“

„Wie meinst du das?“, fragte Ewald freundlich.

„Na ja“, zögerte Selma, „Lisbeth und Grete waren auch kurz vor ihrem Tod noch bei euch. Stimmt’s?“

„Ist das nicht ein Zufall?“, lachte Ewald und zeigte auf diese Weise sein neues Gebiss. „Wenigstens haben sie sich alle bestens frisiert von dieser Welt verabschiedet.“

„Jetzt weißt du“, unterbrach Adele, „warum wir immer weniger Kundinnen bedienen. Uns sterben einfach die Damen weg.“

„So ist das nun einmal mit zunehmendem Alter“, pflichtete Helene bei, „wer weiß, wann wir abberufen werden.“

„Du sagst es, Helene, du sagst es“, seufzte Selma.

Ewald griff nach den großen Lockenwicklern und drehte Helenes weiches Haar auf. Dann rollte er die Trockenhaube heran und fragte: „Adele, welches Netz soll ich nehmen?“

Adele drehte sich um, sah Ewald fest in die Augen und meinte: „Nimm ein graues aus der rechten Schublade.“

Ewald nickte und schnürte das graue Haarnetz behutsam um die Lockenwickler. Und während Helene unter der Haube in ihrer Zeitschrift blätterte, widmete sich Adele ihrer nächsten Kundin. Auch sie beugte sich über das Waschbecken und Adele wusch ihr das dünne, feine Haar. Selmas Haare waren so spärlich und fein, dass ihre rosafarbene Kopfhaut durchschien. Adele hatte Mühe, das Haar auf die ganz dünnen, weißen Lockenwickler aufzudrehen. Bei Selma wurde das Prozedere aus Thioglykolsäure und Wasserstoffperoxid auf die konisch gebogenen Rollen wiederholt, damit schöne Locken für einige Wochen die Kopfhaut zierten. Auch Selma bekam einen Stapel Zeitschriften, damit während der Einwirkungszeit keine Langeweile aufkam.

Helenes Haare waren mittlerweile getrocknet und Ewald rollte die fahrbare Trockenhaube zur Seite. Mit geübten Händen frisierte er seine Kundin, toupierte die Locken, zupfte hier und da an winzigen Lockenspitzen und sprühte am Schluss reichlich Haarspray darüber. Helene verabschiedete sich, als Gaby erschien, um sie abzuholen.

Adele wusch die Chemikalien aus Selmas Schopf und ließ Ewald die größeren Wickler eindrehen. Als er fertig war, fragte er erneut: „Adele, welches Netz soll ich nehmen?“

Adele zögerte mit der Antwort. „Nun ja… nimm das grüne, aus der linken Schublade.“

„Bist du sicher?“

„Ja, Ewald. Das ist jetzt genau das richtige für Selma.“

„Wenn du es sagst, Liebes.“

Er griff in die Schublade zu seiner linken und holte ein sorgfältig gefaltetes, grünes Haarnetz hervor.

„Bist du ganz sicher, Adele?“, vergewisserte er sich.

„Ja, mein Lieber. *Ganz* sicher.“

„Es ist das letzte grüne.“

„Nun, dann müssen wir neue besorgen, Ewald.“

Der Alte drapierte das Netz vorsichtig über Selmas Lockenwickler, zog die Trockenhaube heran und führte sie sachte über den Kopf der alten Dame.

Gegen Mittag verließ Selma den Salon mit einem gut frisierten Haarschopf. Ewald hatte sich besondere Mühe gegeben und war stolz auf seine Arbeit. Mit Adele zusammen schaute er zu, wie Selma zum wartenden Taxi humpelte, gestützt auf ihrem Ebenholzstock mit dem silbernen Knauf, und beide winkten ihr zum Abschied noch einmal zu. Adele seufzte und drehte sich um. „War es wirklich das letzte grüne Netz, Ewald?“

„Ja, Liebes.“

„Nun, dann wird es Zeit für einen Besuch im Aquarium, oder?“

„Meinst du?“

„Aber natürlich, Ewald.“

Ewald sah Adele ein wenig betrübt an. „Sollten wir nicht lieber aufhören, meine Liebe?“

„Wo denkst du hin, Ewald? Was sollen wir denn den ganzen Tag machen? Der Salon ist doch unser Lebenswerk. Damit macht man doch nicht so einfach Schluss! Außerdem braucht der liebe Gott unsere Hände hier auf Erden.“

Ewald zuckte mit den Schultern und widmete sich seiner Zeitung.

Drei Tage später las Adele im Lokalteil der Zeitung: „Nach langer, schwerer Krankheit entschlief unsere geliebte Mutter, Schwiegermutter, Oma und Tante – Selma Taubert – in der vergangenen Nacht sanft und friedlich .....“

„Hier, Ewald. Schau nur! Selma ist endlich da, wo sie sich wünschte zu sein – bei unserem Herrgott.“

„Ja, Liebes. Jetzt hat sie ihren Frieden. Übrigens… ich habe mit Herrn Tagahashi telefoniert. Er sagte, dass er heute eine neue Lieferung von Kugelfischen erwartet.“

„Dann sollten wir uns beeilen. Die neuen, grünen Netze sind nämlich auch eingetroffen.“

„Und was ist, wenn Herr Tagahashi misstrauisch wird?“

„Warum sollte er?“

„Nun ja, es ist immerhin der fünfte Kugelfisch, den wir in diesem Jahr kaufen.“

„Na und? Dann erzählen wir ihm, dass ganz offensichtlich etwas mit unserem Wasser im Aquarium nicht stimmt.“

„Ja, das könnte funktionieren."

„Schaffst du es denn bis Mittwoch, die neuen Haarnetze zu präparieren, Ewald?"

„Ich glaub schon. Warum?"

„Nun, am Donnerstag kommt Martha Reimers zur Dauerwelle. Du weißt doch – sie hat den dritten Schlaganfall gehabt und sitzt im Rollstuhl. Bis dahin sollte unbedingt ein grünes Netz fertig sein."

„Ja, Liebes."

Ein mörderischer Gewinn

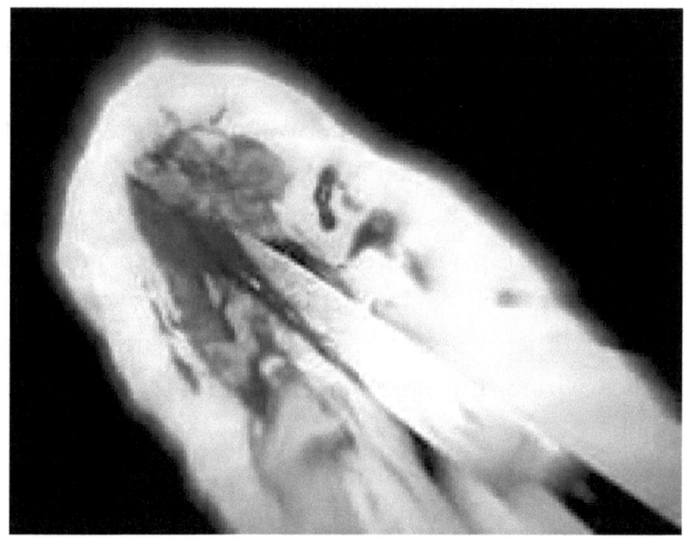

Ein mörderischer Gewinn

Sie war eindeutig tot. Die glasigen, starren Augen sprachen ihre eigene Sprache. Das Messer in ihrer Brust auch. Und ich war eindeutig müde. Ich war seit vierzehn Stunden auf den Beinen, denn mein Kollege hatte sich wieder mal krank gemeldet und ich durfte Doppelschichten schieben. Warum, in Gottes Namen, wurde diese alte Frau, die offensichtlich von Hartz IV lebte, in einer schäbigen Zweizimmerwohnung hauste und außer einem altersschwachen Wellensittich keine Gesprächspartner zu haben schien, ermordet? Die abgenutzten Möbel und armseligen Utensilien waren peinlich sauber. Mein Blick fiel auf den Aschenbecher, der wie ein Fremdkörper auf der Wachstuchdecke des Küchentisches wirkte. Ein einzelner, filterloser Zigarettenstummel.

„Wer hat sie gefunden?“, fragte ich den Uniformierten.

„Der Nachbar“, antwortete er mürrisch.

Das gefiel mir nicht und ich reagierte gereizt: „Geht’s ein bisschen genauer?“

Er kapierte und berichtete ausführlich, dass der Mieter von nebenan, Walter Höhler, Lärm hörte und nachsehen wollte, was los war. Er fand die Ärmste. Im Flur wartete der ungewaschene Typ in Achselhemd, mit Bierbauch und kleinen, listigen Augen und trat unruhig von einem Bein aufs andere. In seiner Wohnung sah es aus wie auf einer Müllhalde: überall Abfalltüten, Kippen und leere Flaschen. Während er seine Geschichte erzählte, ließ ich ihn nicht aus den Augen. Sein Bericht weckte mein Misstrauen.

„Und Sie wollen den Täter nicht gesehen haben?“

„Ich schwöre, Frau Kommissarin, als ich die Tür bei Frau Wester aufstieß, war keiner da.“

Ich glaubte ihm nicht, aber was sollte ich tun? Also fuhr ich nach Hause und wartete auf die Ergebnisse der Spurensicherung und den Autopsiebericht. Gott sei Dank brauchte ich im Zeitalter des Internets nicht mehr in die Stadt zu fahren, denn, obwohl Hameln schöner als andere Städte ist, fühlte ich mich in Holtensen wohler. Ich war nun mal ein Landei und kein Stadtkind. Drei Tage später fand ich die Berichte in meinen E-Mails und war ziemlich verblüfft. Martha Wester hatte mehr als 1,8 Promille im Blut. Zwei Messerstiche trafen mitten ins Herz. Und das Messer stammte aus ihrer eigenen Schublade, denn es war mit ihren Fingerabdrücken übersät. Das machte mich stutzig. Die DNS aus dem Zigarettenstummel im Aschenbecher gehörte Walter Höhler. Die Liste seiner Vorstrafen war lang: Trunkenheit am Steuer, Schlägereien, Diebstahl und Hausfriedensbruch. Ja, das passte zu ihm. Aber – Mord? Ich knöpfte ihn mir noch mal vor. Unter Druck geraten, gestand er bald, in Martha Westers Wohnung gewesen zu sein. Typisch. Erst wenn sie erwischt werden, geben sie Einzelheiten zu. Und sein Gejammer: „Ich habe mit dem Mord nichts zu tun“, widerte mich an. Aber in seinen verschlagenen Augen zeigte sich zum ersten Mal Angst. Die Schweißperlen auf der schmuddeligen Stirn hinterließen Spuren wie kleine Rinnsale auf einer staubigen Fensterscheibe.

„Erklären Sie mir, wieso Martha Wester fast zwei Promille im Blut hatte“, sagte ich. Er wand sich wie ein Aal, aber er rückte schließlich mit der Wahrheit heraus: „Wir haben ihren Gewinn gefeiert.“

„Was für einen Gewinn?“

„Na ja… ihren Lottogewinn.“

Er knetete seine Finger und suchte mit dem Blick Hilfe an der Decke. „Wo ist der Lottoschein?“, fragte ich. „Die Spurensicherung hat nichts gefunden. Also – wo ist er?“ Er geriet in Panik, denn seine Augen traten vor Schreck fast aus den Höhlen. Mit einem verdreckten Taschentuch wischte er sich den Schweiß von der Stirn. „Fragen Sie ihren Neffen. Der müsste das wissen.“

„Wo finde ich den?“

„Auf der Osterstraße. In der Nähe vom Kreiskrankenhaus.“

„Und wie heißt er?“

„Frieder Tomma.“

Ich konnte den Seufzer hören, als ich die Wohnungstür hinter mir zuzog.

Frieder Tomma war ein harter Typ. Kalt wie eine Hundeschnauze und – er hatte ein wasserdichtes Alibi. *Zu* wasserdicht. Es roch getürkt. Aber riechen und beweisen sind zweierlei Paar Schuhe.

Ich ließ Walter Höhler ins Präsidium bringen. Ganz offiziell mit Streifenwagen und Uniformen. Einige Stunden Verhör würden ihn schon mürbe machen. Ich setzte ihm ziemlich zu, aber er blieb stur und ich musste ihn gehen lassen. Und dann verschwand er von der Bildfläche. Natürlich tobte der Staatsanwalt, aber was sollte ich machen – ohne Beweise und ohne Geständnis? Am nächsten Tag fanden spielende Kinder seine Leiche am Torbayufer in der Nähe der Münsterbrücke. Zwei Messerstiche mitten ins Herz. Das Messer war aus Höhlers Schublade. Und da wusste ich, was mich bei der alten Frau stutzig gemacht hatte. Die Reinlichkeit der Wohnung passte nicht zu den vielen Fingerabdrücken auf dem Messer. Sie hätte das Messer niemals benutzt in die Schublade gelegt. Wieso waren also so viele Fingerabdrücke darauf? Na – ganz einfach. Schon der erste Stich musste tödlich gewesen sein. Um von sich abzulenken, zog der Mörder das Messer aus der Wunde, drückte es dem toten Opfer mehrfach in die Hand und stieß dann ein zweites Mal zu. Über so viel Kaltblütigkeit verfügte Höhler nicht. Aber er hatte den Täter bestimmt gesehen und dann versucht, ihn zu erpressen. Das passte zum Bild. Zum Profil des Täters passte nur einer: Frieder Tomma. Skrupellos, brutal und glashart. Und… dieses Mal hatte er kein Alibi. Während des Verhörs blieb er kalt wie ein Eiszapfen. Aber es sind immer die Gewohnheiten, mit denen sich Typen wie Frieder Tomma verraten. Der Mensch ist nun einmal ein Gewohnheitstier. Wenn der erste Mord funktioniert hatte, glaubte Tomma wie die meisten dieser Dummköpfe, funktionierte es auch beim zweiten. Nach fünf Stunden gestand er beide Morde. Tante Martha wollte ihm nur einen kleinen Teil des Gewinns geben. Aber das war ihm nicht genug. Er wollte alles. Und

Höhler hatte ihn gesehen. Tommas Frau hat nach seiner Verhaftung die Scheidung eingereicht. Ich habe nie wieder etwas von ihr und dem Lottogewinn gehört. Und kaum war der Fall gelöst, war auch mein Kollege wieder gesund.

Der Rasenmäher

Der Rasenmäher

Heute wird sich alles ändern.

Alles!

Den Metzger habe ich hinter mir. Auch die Bäckerei ist erledigt. Selbst Huberts Anzug ist schon in der Reinigung. Gerade gehe ich durch die Reihen im Supermarkt und fülle den Einkaufswagen mit all den Dingen, die auf meinem Einkaufszettel stehen. Ich werde Huberts Lieblingsessen kochen. Bratkartoffeln mit Schnitzel und Kopfsalat. Einige der Nachbarn hab ich schon getroffen und mit ihnen geplauscht – wie immer. Ich habe einfach so getan, als wäre alles wie immer. Dabei warte ich sehnsüchtig auf das Martinshorn der Feuerwehr. Es kann ja nicht ewig auf sich warten lassen.

Hubert ist seit über dreißig Jahren ein geachtetes Mitglied der freiwilligen Feuerwehr, im Schützenverein einer der beliebtesten Schützenbrüder und immer pünktlich bei der wöchentlichen Probe des Kirchenchors. Niemand ahnt, dass er auch Alkoholiker und prügelnder Ehemann ist. Selbst seine engsten Freunde und Kollegen haben keinen blassen Schimmer. Oder wissen sie doch etwas? Kann man so etwas wirklich geheim halten?

Nun ja, Hubert ist stets darauf bedacht, dass die Folgen seiner Wutausbrüche und Gewaltexzesse niemals sichtbar werden. Mein Gesicht hat er bei den Entladungen seiner Gefühlsexplosionen immer wohlweislich ausgespart. Gebrochene Rippen oder Armbrüche,

Schnittwunden und blaue Flecken sind halt auf Treppenstürze, Unachtsamkeit auf der Leiter, Zusammenstöße oder ungeschickte Bewegungen zurückzuführen, nicht wahr?

In den Augen meines Arztes sah ich manchmal Zweifel ob meiner Erklärungen. Aber er sagte nichts. Hubert Reimann? Ein brutaler Frauenschläger? Nein. Das würde weder zum Geist der Bruderschaft noch zum Kirchenchor noch zu seinen langjährigen Verdiensten bei den Einsätzen der Feuerwehr passen. Hubert Reimann – der zuverlässige Buchhalter bei Lehmann & Co? Hubert Reimann – der in dem schmucken Reihenhaus auf dem Laubenweg wohnt?

Niemals!

Dass er im Zelt, beim Schützenfest, öfter mal einen über den Durst getrunken hat, hält man allgemein für völlig normal. Dass er dabei manchmal seine Frau angeschnauzt hat, ist auch nichts Ungewöhnliches. Das ist ganz einfach Teil des geselligen Dorflebens, oder?

Offenbar weiß nur ich, dass Hubert das ist, was man einen Quartalssäufer nennt. Er kommt wochenlang ohne Alkohol aus. Dann ist er fürsorglich, liebevoll und herzensgut. Aber wehe, wenn er sich volllaufen lässt. Dann wird er zum Tier. Zu einem bösen, skrupellosen, unerträglichen, giftspeienden und brutalen Despoten, der sein Mütchen an seiner Frau kühlt; sich unkontrolliert an ihr abreagiert.

Jedes einzelne Mal in den letzten dreißig Jahren, wenn er am Tag darauf erkannte, was er wieder einmal angerichtet hatte, beteuerte, versprach, schwor und gelobte er voller Reue, dass es *nie mehr* passieren würde. Nach dem nun schon Jahre währenden, unsagbaren Martyrium, über das ich mit niemandem reden konnte, habe ich irgendwann angefangen, Phantasien zu entwickeln. Phantasien, wie ich diesen Tyrannen loswerden könnte. Ich weiß, dass er sich nicht mehr ändern wird. *Dieser* Glaube ist längst auf der Strecke geblieben.

Heute ist er Ende fünfzig und wenn ich mir vorstelle, diesen Albtraum weitere fünfundzwanzig Jahre ertragen zu müssen, wäre es besser, meinem Leben ein Ende zu setzen. Allein die Vorstellung ist unerträglich. Das würde ich nicht aushalten.

Wo bleibt das Martinshorn?

Auf meiner Einkaufsliste stehen ein paar Flaschen, die in der Hausbar aufgefüllt werden müssen. Whisky, Gin und vor allen Dingen Wodka. Man muss seinen Gästen jederzeit das anbieten, was sie mögen, pflegt Hubert zu sagen. Und so wandern diese Flaschen in den Einkaufswagen, der sich allmählich füllt.

Wie wird man einen Quartalssäufer los? Diesen Gedanken hatte ich erstmals vor etwa zwei Jahren. Aus den anfänglichen Fantasien entwickelten sich ganz allmählich Pläne. Verschwommene Pläne – zunächst. Ich hatte nicht vor, ins Gefängnis zu gehen. Es musste also wie ein Unfall aussehen. Dann würde ich sogar den doppelten Betrag der Lebensversicherung kassieren. Eine hübsche Nebenwirkung. Es musste also etwas passieren, das wie ein Unfall aussah. Und… ich brauchte ein wasserdichtes Alibi.

Wo, überlegte ich, gab es eine Chance? Eine Möglichkeit?

Ein Autounfall? Wie sollte ich das anstellen? Von Autos verstehe ich überhaupt nichts. Außerdem – man kann solche Manipulationen nachweisen. Nein, das kam nicht in Frage. Auch eine Vergiftung ist nachweisbar. Erstechen? Hubert ist über 1,80 Meter groß. Ersticken? Im Schlaf? Dann wäre ich sofort dran gewesen! Nein! Es musste unbedingt wie ein Unfall aussehen.

Meine Überlegungen gingen in die Richtung: Wo hat er eine Schwachstelle? Wo ist er angreifbar? Wie kann ich seine Schwächen für mich nutzen?

An erster Stelle stand natürlich der Alkohol. Und an zweiter?

Sein Geiz, schoss es mir durch den Kopf. Er nennt es zwar Sparsamkeit, aber in Wirklichkeit ist es Geiz. Wie konnte man Geiz und Alkohol zusammenbringen? Oder gab es noch etwas? Oh ja, hörte ich die Stimme in mir, seine unsägliche Überheblichkeit. Er geht an Dinge heran, von denen er keine Ahnung hat.

Das erinnerte mich sofort daran, wie er einmal den Siphon am Waschbecken im Badezimmer reinigen wollte. Er lag unter dem Becken und ich durfte zigmal vom Bad im 1. Stock bis in den Keller rennen, um noch diese Zange, jenen Schraubenzieher oder was weiß ich für ein Werkzeug zu suchen und zu bringen. Am Ende ist dann doch der Klempner dagewesen, um alles wieder funktionstüchtig zusammenzusetzen. Natürlich einer seiner Schützenbrüder. Ein anderes Mal legte er im Keller eine Leitung, weil er über seiner Werkbank eine Leuchtstoffröhre anbringen wollte. Damit er besser sehen konnte. Dass er eine stärkere Brille brauchte, fegte er vom Tisch. Die wäre zu teuer gewesen.

Als er dann die Lampe anknipste, ging im ganzen Keller nicht nur das Licht aus. Auch die Gefriertruhe und die Waschmaschine setzten aus. Wieder musste ein Schützenbruder helfen. Und der hat ihn gewarnt, dass mit elektrischen Geräten nicht zu spaßen sei. Das sollte er lieber Fachleuten überlassen. Ich zerbrach mir weiter monatelang den Kopf.

Wie konnte ich all diese Schwächen nutzen?

Weil wir unseren Likör selbst produzierten, der ja viel preiswerter war als gekaufter, hatten wir immer reinen Alkohol im Haus – zum Ansetzen der Früchte. Ich gebe ja zu, dass ein selbst Angesetzter tatsächlich besser schmeckt als das, was man im Supermarkt bekommt.

Und dann kann ich auf die Idee, ein paar Experimente zu machen. Zuerst probierte ich aus, ob er Wodka im Kaffee schmecken würde. Und tatsächlich! Er fragte, was ich mit dem Kaffee gemacht hätte, weil der viel besser schmeckte als sonst. Ich habe nur gesagt, dass ich die Sorte geändert hätte. Eine, die viel billiger sei als die bisherige.

Bei einer anderen Gelegenheit habe ich ein bisschen von dem reinen Alkohol in sein abendliches Gläschen alkoholfreies Bier getan. Er hat es zwar bemerkt, meinte aber, dass das Bier nicht kalt genug gewesen war. Natürlich versprach ich, in Zukunft darauf zu achten.

Auf diese Weise habe ich herausgefunden, was er herausschmeckte und was nicht.

Außerdem beobachtete ich ganz genau, an welcher Stelle er aggressiv wurde und auf mich losging und wann er aufhörte, weil er den Punkt der Besinnungslosigkeit erreichte.

Und gestern Abend, beim Rasenmähen, fing der Elektrorasenmäher plötzlich an zu qualmen. Hubert war sehr verärgert, weil er am Freitagabend keinen Schützenbruder erreichen konnte. Schließlich schleppte er den Mäher in den Keller und stellte ihn auf seine Werkbank. Heute wollte er ihn reparieren.

Ich habe die ganze Nacht wachgelegen. Ich wusste, das war *die* Gelegenheit.

Kurz nachdem er heute Morgen in den Keller gegangen war, habe ich ihm einen Becher Kaffee gebracht. Mit Wodka drin. Der Kaffee hat ihm gut geschmeckt. Er verlangte eine zweite Tasse. Da habe ich wieder Wodka reingetan. Nur etwas mehr. Und als er die dritte wollte, habe ich den reinen Alkohol mit Wodka gemischt. Nach einer halben Stunde habe ich nach ihm geschaut und gefragt, ob er noch einen Kaffee möchte. Er lallte schon ziemlich heftig, wollte aber noch einen Becher. Wieder bekam er einen. Diesmal mit viel Wodka *und* viel reinem Alkohol.

Eine weitere halbe Stunde später hing er schnarchend über der Werkbank. Den würde so schnell keiner mehr wecken können. Auf der großen Flasche mit dem reinen Alkohol sind überall Huberts Finger- und Handabdrücke. Auf der Wodkaflasche auch.

Die ölverschmierten Lappen, die er überall liegen lässt, habe ich auf den Rasenmäher gelegt. Einige der Papierküchenrollen, die auch im ganzen Hobbykeller herumfliegen, habe ich unmittelbar daneben gestellt und einiges an brennbaren Materialien in der Nähe verteilt. Grillanzünder, Terpentin und Pinselreiniger. Wer weiß schon, dass der penible Herr Buchhalter zu Hause ein Messi ist?

Schließlich habe ich mich umgezogen, sorgfältig meinen Einkaufszettel geschrieben und, wie immer am späten Samstagmorgen, meine Einkaufstaschen und Körbe ins Auto geladen. Bevor ich das Haus verließ, habe ich Hubert ein bisschen an die Seite geschoben und den Rasenmäher eingeschaltet. Der fing prompt an zu qualmen. Ich habe schnell die Kellertür zugemacht, damit sich der Rauch nicht so schnell im Haus verteilt und bin umgehend ins Dorf gefahren. Beim Metzger habe ich angefangen, weil es bei dem samstags immer ziemlich voll ist. Das halbe Dorf hat mich gesehen.

„Hallo, Frau Reimann“, sagt jemand hinter mir. Ich drehe mich um und sehe meine Nachbarin.

„Ach, Guten Tag, Frau Schröder.“

Endlich höre ich laut und deutlich das Martinshorn. Ich muss mich zusammenreißen. Jetzt auf keinen Fall Erleichterung zeigen!

„Oh je“, seufze ich, „das Martinshorn. Jetzt muss Hubert schon wieder raus. Der arme Kerl. Na, dann wird er sich aber bestimmt freuen, wenn er heute Abend sein Lieblingsessen bekommt. Ich habe nämlich fantastische Schnitzel beim Metzger bekommen.“

„Ja“, bestätigt Frau Schröder kopfnickend, „darüber wird er sich ganz bestimmt freuen.“

Die Nichte des Placidus von Rätien

Die Nichte des Placidus von Rätien

Sie kämpfte sich durch den hohen Schnee weiter bergauf. Jeder Schritt verlangte ihre volle Aufmerksamkeit, obwohl die beginnende Dämmerung ihre Besorgnis steigerte. Nein, sie durfte sich von ihren Gefühlen nicht bezwingen lassen. Sie musste bis zum Einbruch der Dunkelheit die Hütte erreicht haben. In der Finsternis der Nacht hätte sie sich verlaufen – ihr sicherer Tod.

Keuchend setzte sie einen Fuß vor den anderen, ihr wollenes, dunkles Gewand bei jedem Schritt in die Höhe hebend. Schon längst spürte sie ihre Füße nicht mehr. Die gierigen Krallen der Kälte hatten sich ins Fleisch gegraben und zerrten unbarmherzig an ihren Lebenskräften.

Endlich erblickte sie das Licht des Maiensäss oberhalb des Hügels. Und obwohl ihr gewölbter Leib schmerzte, ließ der Anblick des Lichtes sie ihren Aufstieg beschleunigen. Die aufflammende Hoffnung gab ihr neue Kraft. Ja, gleich würde er sie in seine starken Arme schließen und sie konnte das gemeinsame Kind, *sein* Kind, in der wohligen Wärme des großen Kaminfeuers ohne Sorge zur Welt bringen. Hier oben würde niemand dem Neugeborenen ein Haar krümmen. Keiner würde versuchen, sie von ihrem Kind zu trennen. Die Schergen des Viktor von Chur würden nicht auf dem Maiensäss nach ihr suchen.

Als sie den Hüttenabsatz erreichte, blieb sie für einen kurzen Augenblick stehen, holte tief Luft, sammelte ihre Kräfte und stapfte zur Hütte. Durch das erleuchtete Fenster sah sie ihn am Tisch sitzen. Seine starken Schultern, sein vom Wetter gegerbtes Gesicht, die blonden Haare, die ihm bis auf die Schultern reichten, das flackernde Kaminfeuer, die steile Falte zwischen den Brauen, seine kräftigen Hände.

Völlig in seine Arbeit versunken, schnitzte er an einem Stück Holz, das wie ein eckiger Pfahl aussah. Ihr Herz hüpfte vor Freude. Sie trat einen Schritt näher heran und klopfte an die Scheibe. Die Überraschung in seinem Gesicht war unübersehbar. Sie sah wie er aufsprang und zur Tür stürzte. Auch sie wand sich ab und ging auf die Tür zu, die aufgerissen wurde.

„Magdalena!“, rief er aus. „Was machst du hier?“

„Oh, Andreas“, seufzte sie, „ich wollte …“ Sie brach ab, denn das Entsetzen in seinem Gesicht passte nicht zu dem Willkommen, das sie erwartet hatte. Sie erstarrte. Eine Frauenstimme meldete sich.

„Andreas? Wer ist gekommen? Wer wagt sich bei diesem Wetter hier herauf?“

Ein Gesicht mit langen, blonden Haaren erschien hinter ihm. Auch wenn ihre verlebten Gesichtszüge verrieten, dass sie nicht mehr zu den jüngsten zählte, erkannte Magdalena sofort, dass diese Frau von edlem Geblüt war. Die Farbenpracht und der Stoff des Kleides besagten alles. Magdalena ließ den Blick der Fremden über sich ergehen, der sowohl Geringschätzung als auch Dünkel verriet.

„Nun?“, wandte sich die Fremde Andreas zu. „Sag, was macht diese Magd hier?“

Noch bevor er etwas erwidern konnte, fragte Magdalena mit schneidender Stimme: „Wollt Ihr mich nicht, wie es sich in Churrätien gehört, hereinbitten?“

„Wer bist du, dass du dir diesen Ton erlaubst?“, erboste sich die Blonde.

„Komm rein, Magdalena“, sagte Andreas und schob die Fremde zur Seite. „Elisabeth“, wandte er sich an die Frau, „siehst du nicht, dass sie sich wärmen muss?“

Mit einem tiefen Seufzer ließ sich Magdalena auf den Holzstuhl fallen. Sie ließ die Frau, die Andreas Elisabeth genannt hatte, nicht aus den Augen. Nein, sie war nicht mehr die jüngste, bemühte sich jedoch mit allen Mitteln, jünger auszusehen.

Andreas setzte einen Becher mit dampfender Milch auf den grob behauenen Tisch. „Trink, Magdalena. Und dann erzähl mir, warum du Desertina verlassen hast.“

„Desertina?“, fragte Elisabeth ungläubig. „Du kommst aus dem Kloster? Eine einfache Magd?“

Andreas haute mit der Faust auf den Tisch. „Halt endlich deinen Mund, Elisabeth! Du hast keine Ahnung, wen du hier vor dir hast!“

„Ach ja?“ Die Blonde hob die Augenbrauen. „Dass sie eine gemeine Magd ist, kann jeder sehen. Wer sonst trägt diese kratzenden, groben Wollkleider?“ Sie drängte ihn: „Was hast du mit ihr zu schaffen?“

Mühsam erhob Magdalena sich, trat so nahe an Elisabeth heran, dass sich ihre Gesichter fast berührten.

Elisabeth wich zurück. „Was erlaubst du dir?“, fauchte sie.

Magdalena straffte ihre Schultern und sah ihr Gegenüber an. „Ich bin Magdalena von Disentis, Nichte des Placidus von Rätien.“

Elisabeth rang nach Luft. „Aber … aber … ich dachte …“

„Versuch nicht, zu denken, Elisabeth“, unterbrach Andreas sie barsch und wandte sich erneut an Magdalena. „Warum hast du Desertina verlassen?“

„Willst du mit deiner Frage von deiner Untreue ablenken?“, entgegnete Magdalena. Sie bemühte sich nicht, ihre Bitterkeit zu verbergen.

Andreas senkte den Kopf und schwieg. Elisabeth hatte sich auf den dreibeinigen Hocker neben dem Kamin fallen lassen und schwieg ebenfalls. Die Stille im Raum war zum Zerreisen gespannt. Das leise Knistern des Feuers unterstrich die Stille, die eher der bedrohlichen Ruhe vor einem gewaltigen Unwetter glich. Magdalena fröstelte.

„Du musst sehr lange unterwegs gewesen sein“, flüsterte er.

„Ja. Ich verließ Desertina im Herbst. Am frühen Morgen der Tag und Nachtgleiche. Der Weg über Chur und Zorten war mühsam und beschwerlich. Nun - ich ahnte, dass du hier oben sein würdest, nachdem ich dich in Fallisour nicht angetroffen habe. Was sollte ich tun?“

„Aber“, wiederholte er, „warum bist du überhaupt hier?“

„Siehst du das nicht?“, rief sie aus. Sie spürte, wie ihr das Blut in die Wangen schoss, sprang auf, zeigte auf ihren gewölbten Leib und schrie: „Das ist unser Kind, Andreas. Hörst du? *Unser* Kind!“

„Nein!“, kreischte Elisabeth, die ebenfalls aufsprang.

„Hört auf!“ brüllte Andreas. „Ihr benehmt euch wie Marktweiber und nicht wie es eurem Stand entspricht.“

Ein Stöhnen drang aus Magdalenas Kehle und sie knickte nach vorn, hielt ihren Leib mit dem linken Arm umschlungen und tastete mit der rechten Hand hilfesuchend nach einem Halt.

Im Nu war Andreas an ihrer Seite und stützte sie. „Um Himmels willen! Setz dich.“ Er führte sie zurück zum Stuhl, auf den sie sich ächzend fallen ließ. Trotz des plötzlichen und stechenden Schmerzes entging Magdalena nicht die Häme im Gesicht der Blonden.

„Was macht sie hier?“, fragte sie Andreas – auf die Blonde deutend. „Wer ist sie?“

Trauer, Hilflosigkeit und unsagbarer Schmerz sprachen aus seinem Blick. Magdalenas Hals zog sich zu und in ihrem Inneren rührte sich ein furchtbarer Verdacht.

„Elisabeth“, hörte sie ihn flüstern, „ist meine… nun ja…“

„Ich bin seine Frau!“, triumphierte die Blonde und baute sich vor Magdalena auf – beide Hände in die Seite gestützt. „Du hättest dir also den Weg sparen können.“

Magdalena schaute Andreas an, der seinen Kopf gesenkt hielt.

Ohne ein Wort hervorbringen zu können, wurde ihr schwarz vor Augen.

*

Als sie erwachte lag sie auf einem Strohlager. Was war geschehen? Wieder peitschte der Schmerz durch ihren Unterleib, der ihr fast den Atem raubte und sie schrie auf. Nur langsam ebbte der Schmerz ab und sie bekam wieder Luft. Wenige Augenblicke später wallte die Pein erneut auf und Magdalena glaubte, es würde sie zerreißen. Wie durch einen Schleier sah sie Andreas, der neben ihr hockte und ihre Hand hielt. Sie spürte das feuchte, kühle Tuch, mit dem er ihre Stirn abtupfte.

Wie durch eine Nebelwand entdeckte sie die blonde Frau neben dem Kamin sitzen. Sie erhaschte den hasserfüllten Blick.

Wieder streckte die grausame Marter ihre gierigen Finger nach Magdalenas Leib aus und sie verlor fast die Besinnung. Sie glaubte, die Qual nicht mehr ertragen zu können und krallte sich an Andreas Arm fest. Mit letzter Kraft und mit einem langgezogenen Schrei spürte sie, wie die Leibesfrucht ihren Körper verließ. Ein leises Wimmern war zu hören. Magdalena lächelte, bevor sie erneut von der ruhigen, stillen Schwärze in die Tiefe gezogen wurde.

*

Andreas schaute sich das wimmernde Bündel zwischen Magdalenas Beinen an. Ein Mädchen. „Was mach ich jetzt?“, wandte er sich an Elisabeth.

Seine Frau zuckte mit den Schultern. „Was weiß ich?“

„Du bist doch eine Frau. Hast du noch nie die Geburt eine Kindes miterlebt?“

„Nein“, erwiderte sie ohne Gefühlsregung. „Dafür hat man Geburtsfrauen und Ammen. Das ist nichts für eine Frau meines Standes.“

„Ich weiß nicht, was jetzt zu tun ist.“

„Nun ja“, sagte Elisabeth und erhob sich. „Gib mir das Tuch.“

Er reichte es ihr.

Sie wickelte das wimmernde Bündel in das Tuch und ging hinaus. Es dauerte eine ganze Weile, bis sie zurückkehrte.

„Wo ist das Kind?“, fragte er verwundert. „Ich dachte, du willst es waschen – in der Wasserhütte.“

Sie sah ihn an. „Glaubst du allen Ernstes, ich will ein fremdes Balg hier haben? Nein, mein Lieber, ich habe es im Wald ausgesetzt. Sollen sich die Tiere darum kümmern.“

*

Magdalena, die erwacht war, hatte die letzten Worte gehört.

„Nein!“, schrie sie auf und quälte sich hoch. Sie erhob sich vom Lager und schwankte zur Tür. Eisige Kälte schlug ihr entgegen. Andreas versuchte, sie zurückzuhalten. „Du kannst nicht raus. Nicht in diesem dünnen Gewand, Magdalena.“

Magdalena riss sich los und rannte barfuß durch den Schnee, gefolgt von Elisabeth.

Gerade als sie um die Ecke der Hütte gebogen war, traf sie ein Schlag auf den Kopf.

*

Andreas, der sich die Felle um die Füße gewickelt hatte, rannte hinterher.

Er fand Elisabeth mit dem Holzstück, an dem er geschnitzt hatte, in der Hand über Magdalena gebeugt. Der Körper im dünnen Hemd lag im Graben neben der Hütte.

Eine Blutlache tränkte den Schnee und Andreas sah die aufgerissenen, toten Augen seiner Liebsten.

„Die kommt mir nicht mehr in die Quere“, keuchte Elisabeth.

Andreas ergriff den Ast, der an der Hauswand lehnte und schlug auf Elisabeth ein bis sie sich nicht mehr bewegte. Mit einem Fußtritt beförderte er sie in den Graben. Direkt neben Magdalena.

Er wusste nicht wie lange er dort stand, unfähig sich zu rühren Plötzlich vernahm er ein fernes Grollen, drehte sich um und sah, wie die weiße Wand auf ihn zurollte. Er ließ sich in den Graben neben der Hütte fallen, aber er wusste, dass er diesen Abgang nicht überleben würde.

Onkel Karl

Onkel Karl

Nach fast zehn Jahren kam ich zurück. Zurück in die Stadt, deren Grenzen ich eigentlich nie mehr hatte überschreiten wollen. Ich wohnte in Aachen. Aber – mein Vater lag im Sterben. Sollte ich meine Mutter in dieser schweren Stunde allein lassen? Obwohl… sie war für das, was zwanzig Jahre zuvor geschehen war, mit verantwortlich.

An diesem sonnigen Samstagmorgen Anfang September kam ich in Elberfeld am Hauptbahnhof an. Die Unterführung bis zum Schwebebahnhof Döppersberg hatte sich genauso wenig verändert wie die Wupper. Noch immer fuhr die Schwebebahn im kurzen Zeitintervall, sodass ich schon zwanzig Minuten später in Varresbeck aussteigen konnte. Der kurze Weg bis zur Döringstraße war in wenigen Minuten geschafft. Genauso schnell waren die paar Kleidungsstücke aus meiner Sporttasche im Schrank des ehemaligen Kinderzimmers verstaut. Wie zu erwarten, war das Zimmer mustergültig aufgeräumt. Staubfrei. Die gelben Plastikblumen in der Bleikristallvase auf der Fensterbank waren roten gewichen. Die Vase war dieselbe. Die gehäkelten Spitzengardinen und die altmodischen Vorhänge aus beiger, grober Wolle, obwohl nie erneuert, sahen aus wie unmittelbar nach dem Kauf. Offensichtlich wurden sie immer noch alle vier Wochen mit der Hand in Feinwaschmittel gewaschen. Nur der Teppichboden mit dem braunen Rautenmuster war neu und passte natürlich farblich perfekt zu den Vorhängen. Trotz der Vertrautheit fühlte ich mich wie ein Eindringling in einer fremden, fast unwirklichen Welt. Natürlich war mir klar, dass *ich* mich verändert hatte.

Er lag im abgedunkelten Schlafzimmer. Ich wusste zwar, dass er im Sterben lag, dennoch war ich schockiert. Dieser einst vor Kraft strotzende Oberbefehlshaber der Familie lag mit eingefallenen Wangen im aschfahlen Gesicht und mit geschlossenen Augen im Bett. Reglos. Stumm. Verdorrend.

Ich brachte es nicht fertig, nach seiner Hand zu greifen. Zu oft hatten mich diese Hände geschlagen. Mal mit und mal ohne Hilfsmittel. Am Schlimmsten war es, wenn er seinen Ledergürtel benutzte.

Obwohl er jetzt, in diesem Augenblick, überhaupt nicht mehr zu *irgendeiner* Handlung fähig war, stiegen in mir die schrecklichen Bilder meiner Kindheit auf.

Ich war etwa acht, als er auf Mutter einschlug. Wie meistens, wenn er zu viel getrunken hatte. Nie würde ich vergessen, wie sie am Boden lag. Blutverschmiert. Wie ich vor Angst am ganzen Leib gezittert habe. Wie er sich umdrehte und wütend wie wortlos die Wohnung verließ. Wie sie am nächsten Tag vom Zahnarzt zurückkam – mit einem Taschentuch vor dem Mund. Wie einige Tage später zwei neue Schneidezähne die Lücke füllten.

Oder wie er die Hunde der gesamten Nachbarschaft abrichtete. Er liebte Hunde. Besonders Schäferhunde. Es sollten *gute* Wachhunde werden. Schäferhunde konnten *richtig* scharf gemacht werden. Und so wie er die Hunde befehligte, so hatten wir Kinder zu parieren. Und genau wie Hunde auf seinen scharfen Pfiff reagierten, so spurten wir, wenn dieser Pfiff ertönte – egal, wie weit wir entfernt waren. *Diesen* Pfiff hörte man kilometerweit. Und wehe, wir waren nicht schnell genug! Dann kam er uns mit einem Kleiderbügel aus Holz entgegen. Oh ja! Wir lernten zu gehorchen. Und zwar *fix*!

Und… er war ein leidenschaftlicher Skat-Bruder. Mit seinen Kumpels spielte er oft am Sonntagmorgen in der Stammkneipe ein paar Runden. Dann konnte er auch schon mal großzügig sein und uns Kindern eine Limo spendieren.

Nie wäre ich auf die Idee gekommen, meinem Vater zu widersprechen. Auch nicht, als ich Onkel Karl nach Hause begleiten sollte. Vater war besorgt, dass sein Kumpel sich verlaufen könnte. Er hatte an jenem Sonntag zu viel Bier getrunken und schwankte. Onkel Karl war ein Skatbruder, kein richtiger Verwandter und schon gar kein echter Onkel. Aber wir Kinder mussten alle Bekannten und Freunde mit Tante soundso oder Onkel soundso anreden. Das gehörte sich so.

Karl war erheblich jünger als Vater. Er hätte sein Sohn sein können. Und ich, als Elfjährige, sollte ihn nach Hause bringen. Ob Vater wusste, was dieser Karl für ein Schweinehund war? Dass er kleine Mädchen mochte? Wusste er, dass Karl mit seinen gelb verfärbten Zähnen in einem Drecksloch hauste? Mit gelb verfärbten Wänden, gelb verfärbten Vorhängen, gelb verfärbter Bettwäsche?

An dieser Stelle der Erinnerung stand ich auf und verließ angeekelt den sterbenden Mann, die Zombie-Mutter und das blitzsaubere Treppenhaus. Mit der Schwebebahn fuhr ich nach Vohwinkel. Ich wollte das Haus sehen, in dem mein Martyrium stattgefunden hatte.

Jetzt war ich dazu bereit.

Während der kurzen Fahrt spürte ich, wie sich meine Wut steigerte. Wie diese jahrelang unterdrückte, aufgestaute Rachsucht sich Bahn brechen wollte. Würde ich das Haus wiederfinden? Lebte dieser Scheißkerl überhaupt noch? Er musste etwa Mitte vierzig sein – jetzt. Würde er mich wiedererkennen?

Ich verließ die Endstation und bog nach links in die Vohwinkeler Straße ab in Richtung Sonnborn. Nach etwa hundert Metern blieb ich wie angewurzelt stehen und traute meinen Augen nicht. Er stand auf der anderen Straßenseite – mit angewinkeltem Bein lässig an einer Hauswand gelehnt.

Mit der linken Hand spielte er mit seinem Schlüsselbund, dass es klimperte.

Sein dünner gewordenes Haar pappte am Kopf fest und glänzte von der ekligen Pomade, die er benutzte.

Wie damals!

Mein Blick verengte sich. Ich sah ihn wie durch ein umgedrehtes Fernglas. Ganz weit weg. Wie am Ende eines Tunnels. Alles andere war ausgeblendet. Ich wusste, mit meiner Kleidergröße 34 und den langen, blonden Haaren, wirkte ich wie Anfang zwanzig. Erkannte er mich?

Das wütende Hupen der Autos erreichte mich nur durch eine Nebelwand, als ich die Straße überquerte. Quietschende Reifen registrierte ich nebenbei, aber sie erweckten *seine* Aufmerksamkeit. Er sah zu mir herüber. Ich sah seinen erstaunten Blick, als ich ihm wie fremdgesteuert zulächelte; seine Zunge, die von einem Mundwinkel zum anderen wanderte. Den lüsternen Ausdruck in seinen Augen kannte ich.

Den kannte ich *sehr* gut!

Nein, stellte ich entzückt fest, er hatte mich nicht erkannt. Betont lasziv schlenderte ich auf ihn zu. Vor Schreck ließ er den Schlüssel fallen, hob ihn jedoch blitzschnell auf, ohne mich aus den Augen zu lassen. Wieder lächelte ich ihn an. Er schluckte.

Sein Adamsapfel hüpfte auf und ab.

„Kennst du ein nettes, kleines Hotel?“, fragte ich ihn mit einem unanständigen Augenaufschlag.

Die Augen traten ihm fast aus dem Kopf.

Ohne ein Wort zu sagen, grabschte er nach meiner Hand und zog mich in die kleine Seitenstraße. Nur wenige Minuten später betraten wir die Absteige. Er zahlte und zerrte mich fast die Treppe hinauf.

Im Zimmer angekommen, riss er sich die Kleider vom Leib und wollte sich auf mich stürzen. „Stopp!“, rief ich laut. „Erst duschen – dann das Vergnügen. Und du zuerst!“

Er verschwand im Bad. Seit damals hatte ich immer „mein Werkzeug“ dabei: schwarze Seidenstrümpfe, ein Baumwolltuch und ein großes Messer mit scharfer

Klinge, das ich nun unter dem schmuddeligen Kissen versteckte.

Das Wasser im Bad rauschte.

In BH und Slip drapierte ich mich auf dem Bett, wie eine aufgeblasene Gummipuppe. Als er aus dem Bad stürmte, wollte er erneut über mich herfallen.

„Aber, aber“, gurrte ich und drehte mich auf die Seite. „Wir wollen doch Spaß haben, oder?“

Grinsend stand er vor mir. „Wie hättest du es denn gern, Baby?“

Ich zeigte ihm meine Seidenstrümpfe, die ich demonstrativ dehnte.

„Ich liebe kleine Spielchen.“ Mit diesen Worten schlang ich einen Strumpf um sein Handgelenk und das andere Ende um den Bettpfosten. Er grinste. „Ach, so ist das!“

Bereitwillig hielt er mir das andere Handgelenk entgegen, mit dem ich genauso verfuhr. Seinen Fußgelenken erging es gleichermaßen. Ehe er sich versah, hatte ich das Tuch als Knebel in seinen Mund gestopft und festgezurrt.

Hilflos lag er vor mir auf dem Bett.

Wie ich – damals!

Seine Erregung hatte sich durch das Geschehen sichtlich gesteigert. Seine aufgerichtete Manneskraft wartete auf Erlösung. Aus seinen Augen sprach die nackte Gier.

Genüsslich zog ich das Messer unter dem Kissen hervor und prüfte eingehend die Spitze. Sein Blick verwandelte sich in Entsetzen. Er stöhnte auf.

Wie ich – damals!

Als ich mit der Messerspitze seine Kronjuwelen streichelte, zeigten sich Schweißperlen auf seiner Stirn.

Wie bei mir – damals!

Er wand sich auf dem Bett wie ein Tier in der Falle. Sein Körper brüllte nach Freiheit.

Wie bei mir – damals!

Seine Manneskraft war schlagartig in sich zusammensackt und ich fuhr mit der Messerspitze Millimeter für Millimeter an seinen Innenschenkeln entlang – jeweils wieder bis zur Spitze seiner nun geschrumpften Kronjuwelen. Er rührte sich nicht. Er winselte.

Wie ich – damals!

Die nackte Panik führte Regie in seinem Innenleben. Weit aufgerissene Augen.

Wie bei mir – damals!

Dann hob ich das Messer mit beiden Händen über meinen Kopf und stach zu – mit aller Kraft!

Mitten ins Kissen – unmittelbar neben seinem Kopf.

Jetzt stand er eindeutig unter Schock.

Wie ich – damals!

Ich setzte mich neben ihn auf die Bettkante und sah ihn lange schweigend an. Seine Schweißperlen hatten sich zu Rinnsalen vereint, die ihm seitlich über das Gesicht flossen und im Kissen versackten.

Lange sammelte ich meinen Speichel im Mund und spuckte ihm mitten ins Gesicht.

Anschließend zog ich mich in aller Seelenruhe an, packte mein Messer in die Tasche und verließ wortlos das Zimmer.

Im Hinausgehen rief ich dem Portier zu: „Der Herr in Zimmer drei möchte gern eine Flasche Schnaps.“

Ich sah gerade noch, wie er grinsend mit der Flasche aus dem Hinterzimmer kam und die Treppe hochstieg. Wenige Minuten später brachte mich die Schwebebahn zurück nach Varresbeck.

Zwei Tage später starb mein Vater. Und weil er eine Seebestattung wollte, die erst einige Wochen später stattfinden würde, konnte ich wieder nach Hause. Zurück nach Aachen.

In meinem ganzen Leben hatte ich mich noch nie so wohl gefühlt wie auf *dieser* Heimreise.

Mord im Zinnkrug

Mord im Zinnkrug

Als Henriette Berger um 10 Uhr früh den kahlen, ungemütlichen Gastraum des ‚*Zinnkrugs*' betrat, schlug ihr ein Luftgemisch aus abgestandenem, kaltem Zigarettenrauch und schalem Bier entgegen. Der *Zinnkrug* war eine jener Eckkneipen, wie die meisten in diesem Stadtviertel, die hauptsächlich von den Arbeitern der großen Chemiefabrik aufgesucht wurden. Hier trafen sich abends die Männer aus der Nachbarschaft, um ihren tristen Arbeitstag mit einem oder zwei Bierchen herunterzuspülen, während zu Hause ihre Frauen die Spuren des Abendessens beseitigten.

Das gelbe Band mit den drei schwarzen Punkten am Ärmel des braunen Kamelhaarmantels der weißhaarigen Dame kennzeichnete ihre Behinderung ebenso wie der weiße Stock, den sie bei sich trug. Sie hüstelte ein wenig und suchte mit zusammengekniffenen Augen nach dem vertrauten Gesicht. Schon hörte sie die Stimme ihrer jüngeren Freundin aus dem Nebenraum. „Hallo, Jette! Hier herüber!" Den hochgewachsenen, jungen Polizisten in Uniform bat die energische Stimme, die Eingetroffene durch die Absperrung zu führen.

Jette spürte, wie der junge Mann sie sanft am Arm in den Nebenraum geleitete und umarmte ihre Freundin: „Hallo, Anne. Da bin ich."

Die Oberkommissarin Anne Weller begrüßte ihre mütterliche Freundin herzlich. „Was machen die Augen?"

„Nur noch zwei Wochen“, erwiderte Jette, „dann kommt die letzte OP. Und dann sollte ich wieder sehen können.“

„Na, prima“, freute sich Anne. „Danke, Jette, dass du so schnell gekommen bist. Ich benötige deine Hilfe, denn du bist nun einmal die Beste.“

Auf Jettes Gesicht stahl sich ein feines, wissendes Lächeln und sie erwiderte: „Danke für das Kompliment. Dann scheint es allerdings *sehr* ernst zu sein.“

„Und ob!“, bestätigte die Kommissarin. „Und diesmal möchte ich, dass du von Anfang an dabei bist.“

„Wo brennt es denn?“

„Nun“, entgegnete Anne, während sie Jette sanft auf einen Stuhl drückte, „die junge Veronika Schuster, die hier sowohl als Bedienung an den Tischen als auch hinter der Theke arbeitete, wurde vor zwei Stunden von der Putzfrau tot aufgefunden. Erdrosselt.“

„Armes Ding“, flüsterte Jette mit Bedauern und schüttelte leicht ihren Kopf. Die Weißhaarige konnte Umrisse und Schemen sowie Farben noch schwach erkennen und fragte knapp: „Hast du Anhaltspunkte?“

„Oh ja“, antwortete die Ermittlerin. „Der Arzt meint, dass sie zwischen Mitternacht und 2 Uhr früh ermordet wurde. Die Tatwaffe ist eine Seidenkrawatte und weder aus dem Schankraum noch aus den anderen Räumen wurden Gegenstände entwendet. Wir schließen deshalb Raubmord aus.“

Jette Berger schwieg eine Weile, bevor sie fragte: „Welche Farbe hat die Krawatte?“

Anne stutzte, doch sie kannte ihre Freundin viel zu gut, als dass sie sich über deren ungewöhnliche Fragen noch wunderte. „Rot und blau gemustert“, antwortete sie.

„Welches Muster?“, hakte Jette sofort nach.

„Diagonale Streifen“, beschrieb Anne weiter.

Doch Jette beharrte auf weitere Details: „Ist es ein kräftiges Rot oder eher ein Weinrot? Ein dunkles Blau oder eher ein Königsblau? Wie dick sind die Streifen? Ist das Muster dezent oder eher auffällig?“

Geduldig beantworte Anne alle Fragen und wartete auf weitere Erkundigungen der Älteren, die mit gerunzelter Stirn kerzengerade auf dem Stuhl verharrte. Und prompt fragte Jette: „Ist sie stark geschminkt? Welche Kleidung trägt sie? Welches Schuhwerk hat sie an? Trägt sie Schmuck? Habt ihr ihre Handtasche gefunden? Was ist der Inhalt? In welcher Körperhaltung wurde sie gefunden? War die Küche aufgeräumt? Die Gläser gespült? Die Abrechnung vollständig?“

Der Fragenkatalog schien endlos, doch die Kommissarin beantwortete alle Fragen so genau wie möglich.

Der herbeigerufene, verschlafen wirkende Wirt Wilhelm Hausmann machte auf die Ermittlerin einen ungepflegten und mürrischen Eindruck. Nach seiner Aussage war er um kurz nach Mitternacht gegangen, weil keine Gäste mehr im Gastraum weilten. Veronika habe, versicherte der Wirt, nur noch die Gläser spülen und abtrocknen wollen, bevor sie vorhatte, schlafen zu gehen. Ja, er selbst habe die Tür der Gaststätte abgeschlossen. Ja, der Schlüssel steckte, wie immer, innen im Schloss. Jette hörte der Befragung des Wirtes sehr aufmerksam zu, doch das Ergebnis konnte nur als äußerst mager und wenig ergiebig bezeichnet werden. Dass die Tote bereits seit mehr als zwei Jahren bei ihm arbeitete, schien ebenso unauffällig wie die Tatsache, dass sie seit ebenso langer Zeit eine kleine Kammer im hinteren Bereich der Gaststätte bewohnte, mit Blick auf den Hinterhof. Mit verdrießlicher Miene kam der Wirt der Aufforderung nach, auf einem Stuhl in der Ecke der Gaststube zu warten, falls noch ungeklärte Fragen nach Antworten verlangten.

Anne hakte Jette unter und beide gingen in die kleine Schlafkammer der Toten, in der die Spurensicherung ihre Arbeit bereits beendet hatte. Die Kommissarin sah sich aufmerksam in dem spärlich möblierten Raum um, der von einer billigen Deckenleuchte in kaltes Licht getaucht wurde. Die schmutzig weißen Wände zierte kein einziges Bild und die schäbigen Möbel hatten ihre Glanzzeit schon vor Jahrzehnten vollendet. Während Anne mit Latexhandschuhen in der kleinen Kommode und im Schrank die wenigen Gegenstände sichtete, nahm Jette auf dem Bett Platz. Sie griff nach dem Wecker auf dem kleinen Nachttisch und entzifferte den Titel der Bettlektüre, die Veronika Schuster nie mehr zu Ende lesen würde. Die gestapelten Briefe auf dem kleinen Tisch unter dem Fenster waren alle ungeöffnet und Anne drehte sie um, konnte jedoch keinen Absender finden. Sie steckte sie vorsichtig und mit Fingerspitzen in einen durchsichtigen Plastikbeutel, um sie mit ins Präsidium zu nehmen. Vielleicht konnten die

Kollegen der Technik irgendwelche Fingerabdrücke im Inneren der Briefe finden.

Während der ganzen Zeit saß Jette schweigend auf dem Bett und wartete, dass Anne ihre Durchsuchung beendete. Als sich die Kommissarin seufzend auf den harten Stuhl setzte, fragte Jette: „Hast du irgendwelche Hinweise auf Wertgegenstände gefunden?“

Die Ermittlerin schüttelte den Kopf: „Nein, meine Liebe. Hier gibt es absolut nichts von Wert. Die junge Bedienung einer Kneipe wurde ermordet und wir haben keine Ahnung, warum. Keine Anhaltspunkte, keine Spuren, keine Hinweise.“ Nach kurzem Zögern fügte sie hinzu: „Wahrscheinlich werden wir uns um die Gäste kümmern müssen, denn ich vermute, dass es einer von ihnen war, der unserer hübschen, jungen Frau nachstellte. Sie aber lehnte ab und das konnte er nicht ertragen.“

Jette Berger schüttelte bedächtig ihren Kopf: „Nein, Anne. Du verrennst dich, wenn du in dieser Richtung ermittelst.“

Annes Kopf ruckte hoch: „Du hast also etwas entdeckt?“

„Ich bin mir nicht sicher“, antwortete die Ältere vorsichtig, „aber ich an deiner Stelle würde nach Antworten auf folgende Fragen suchen: Erstens – wo sind ihre Wertsachen? Sie hatte garantiert welche. Zweitens – was hat sie gemacht, bevor sie im Zinnkrug zu arbeiten begann? Drittens – wo hat sie ihr Studium abgeschlossen? Und viertens – wo hat sie wirklich gewohnt?“

Verblüfft sah die Kommissarin ihre Freundin an und erwiderte: „Du überraschst mich immer wieder. Wie kommst du auf diese, na ja, ein wenig absurden Ideen?“

Jette lächelte und antwortete geduldig: „Du kennst doch meine drei Hauptprinzipien – oder?“

Nun lachte auch Anne: „Du meinst – der Mensch ist ein Gewohnheitstier! Finde das emotionale ungelöste Problem, denn Gewalt ist ein ungeeignetes Mittel, Probleme zu lösen, obwohl immer noch sehr viele Menschen diesen Irrtum für wahr halten! Achte auf das, was dir deine Sinne melden! Meinst du diese drei?“

Immer noch lächelnd nickte Jette und bestätigte: „Ja, meine Liebe, so ist es auch in diesem Fall. Du hast dieselben Hinweise wie ich über deine Sinne erhalten, die dir häufig weitaus mehr Informationen liefern können als viele der sachdienlichen Mitteilungen. Du bist es nur nicht gewohnt, auf alle deine Sinnesorgane zu achten!“

„Ja“, erwiderte die Ermittlerin ein wenig genervt. „Das hast du mir schon oft gesagt, nur… das ist jetzt nicht der Zeitpunkt, um darüber zu diskutieren.“ Abrupt stand Anne auf und setzte hinzu: „Aber ich habe dich gerufen. Also berücksichtige ich das, was du empfiehlst.“

Die beiden Frauen verließen den schäbigen Raum und Anne begleitete Jette zum wartenden Taxi, das die Dame im Kamelhaarmantel zurück nach Hause bringen sollte. Auch Anne verließ das Lokal und kehrte ins Präsidium zurück.

Die nächsten Tage waren angefüllt mit Routinearbeiten und Recherchen über das kurze Leben der toten Veronika Schuster und Anne fand keine Zeit, ihre mütterliche Freundin aufzusuchen. Als sie eine Woche später auf Jettes gemütlicher Couch saß und eine Tasse heißen Tee schlürfte, erzählte sie: „Wir kommen einfach nicht weiter. Es sieht so aus, als hätte es Veronika Schuster bis vor zwei Jahren überhaupt nicht gegeben. Niemand weiß, was sie vor ihrer Ankunft im Zinnkrug gemacht hat. Wir haben auch keine Fingerabdrücke im Computer gefunden. Sie hat keinen Führerschein, keine Sozialversicherung, keine Krankenversicherung, keine Scheckkarte.“ Nach einem weiteren Schluck Tee setzte sie hinzu: „Auch die Briefe sind offensichtlich nur von einem schmachtenden Liebhaber namens Bobby, der immer wieder um Kontaktaufnahme bettelt. In der nächsten Woche veröffentlichen wir ein Foto von der Toten in allen Zeitungen. Wir hoffen, dass jemand sie wiedererkennt und endlich den entscheidenden Hinweis gibt.“

Jette hatte schweigend und aufmerksam zugehört.

Als auch Anne schwieg, fragte sie: „Bist du den Fragen nachgegangen, die ich dir aufgezählt hatte?“

Die Ermittlerin nickte: „Ja, bin ich. Doch es sind einfach keine Wertsachen vorhanden. Sie scheint nur in der Kammer im Zinnkrug gewohnt zu haben. Die Universitäten in der Umgebung haben keine Veronika Schuster in ihren Datenbanken. Du siehst – auch deine Fragen haben nicht weitergeholfen.“

„Leider“, entgegnete Jette, „hast du den entscheidenden Hinweis nicht beachtet – deine Sinne.“

Diese Aussage ärgerte die Kommissarin und sie erwiderte abwehrend: „Du mit deinen Sinnen!“

Doch Jette lächelte unbeeindruckt und ergänzte: „Hättest du deine Sinne so benutzt, wie sie dir zu Diensten stehen, hättest du einige klare Hinweise zur Verfügung, die auf meinen Prinzipien beruhen.“

Alarmiert setzte Anne sich aufrecht und fragte nun drängend: „Jetzt sag schon! Was habe ich übersehen?“

Doch Jette ließ ihre Freundin noch ein wenig zappeln, bevor sie ihre Beobachtungen preisgab: „Ist dir nicht aufgefallen, dass die jungen Frau ihr Bett seit Wochen nicht benutzte? Ist dir nicht aufgefallen, dass Veronika ein sehr, sehr teures Parfum verwendete, das sich normalerweise keine Bedienung bei dem Gehalt, das sie im Zinnkrug bekommt, leisten kann? Ist dir ihre Nachtlektüre nicht aufgefallen? Das medizinische Fachbuch über Anatomie in französischer Sprache? Ist dir nicht aufgefallen, dass eine Seidenkrawatte in dieser Kneipe völlig deplatziert ist und deshalb keiner der üblichen Gäste in Frage kommt? Ist dir nicht aufgefallen, dass ihr Schuhwerk von allerbester Qualität sprach, das sie sich ebenfalls kaum von ihrem Einkommen leisten konnte?“ Nach kurzer Pause fuhr sie fort: „Und nachdem du herausgefunden hast, dass eine Veronika Schuster bis vor zwei Jahren überhaupt nicht existierte, liegt die Wahrscheinlichkeit auf dem Tisch, dass unsere Tote in Wahrheit jemand anderes ist, oder?“

Erstaunt hatte Anne ihrer Freundin zugehört und erwiderte trocken: „Donnerwetter! Du hast recht, meine Liebe. Das ist mir tatsächlich alles nicht aufgefallen.“

Ohne auf Annes Bemerkung zu reagieren, fuhr Jette fort: „Der Mensch ist ein Gewohnheitstier. Suche deshalb in der Umgebung die Bank, bei der sie ihre Wertsachen deponierte. Finde das Geldinstitut, bei dem sie ihr Konto führte. Klappere die Pensionen und Hotels ab, auch die private Zimmervermietung. Finde vor allem heraus, in welchem Geschäft sie das Parfum kaufte. Nicht viele Läden führen dieses Parfum im Sortiment.“ Jette schenkte Tee nach und fuhr fort: „Wenn du mich fragst, die junge Frau kommt aus sehr gutem Hause und ist einfach vor zwei Jahren untergetaucht. Suche also nach dem Täter im Familienkreis, denn vor einem nervigen Liebhaber läuft niemand davon. Du kennst meinen Spruch: Blut ist dicker als Wasser.“

Jette zeigte volles Verständnis dafür, dass Anne es plötzlich sehr eilig hatte, ins Präsidium zurückzukehren, um den neuen Ansätzen nachzugehen.

Als die Kommissarin einige Tage später bei ihrer Freundin erschien, strahlte sie: „Du bist ein Schatz, liebe Jette. Ich wusste ja, dass du die Beste bist!“ Herzlich umarmte sie die Freundin und berichtete, dass sowohl die Bank als auch die Pension als auch die Drogerie ausfindig gemacht werden konnten, gemäß Jettes Empfehlungen. Im Bankschließfach fanden sich die echten Papiere der jungen Kellnerin. Wie die sehbehinderte Frau ebenfalls vorausgesehen hatte, stammte Liane von Trehben, die sich zwei Jahre zuvor den Namen

Veronika Schuster zulegte, aus wohlhabendem Haus mit Sitz in der Schweiz. Unbeabsichtigt war sie Zeugin eines Verbrechens geworden, das ihr jüngerer Bruder Robert, der in dunkle Machenschaften mit dem organisierten Verbrechen verwickelt war, verübt hatte. Deshalb tauchte Liane alias Veronika unter. Sie fürchtete – zu Recht – um ihr Leben. Anne beendete ihren Bericht: „Er hat zwei Jahre gebraucht, um sie zu finden. An diesem besagten Abend wartete er, bis der Wirt seine Gaststätte abgeschlossen hatte und gegangen war. Liane alias Veronika öffnete die Schankraumtür nur deshalb, weil Robert einen Stammgast imitierte, der angeblich seine Geldbörse verloren hatte. Als sie merkte, dass sie in eine Falle getappt war, war es zu spät. Übrigens – die ungeöffneten Briefe auf Lianes Schreibtisch waren von ihm. Er hatte panische Angst, sie könnte ihn verraten."

„Ja, ja", nickte Jette bedächtig, „Blut ist eben dicker als Wasser, wenn auch manchmal im umgekehrten Sinn."

Nach kurzem Schweigen fragte Anne: „Warum hat dich die Krawatte so interessiert?"

„Ganz einfach", antwortete die Freundin. „Manche Männer, die gern vornehm wirken möchten, ohne es wahrhaft zu sein, imitieren ihre Vorbilder. Meist wählen sie jedoch grellere Farben, die das Gegenteil aufzeigen, gemäß ihrer sonstigen Gewohnheiten, ihres gewöhnlichen Denkens, wenigstens in der Kleidung dem grauen Alltag entrinnen zu können. Männer mit echtem Stil wählen dezente Farben und Muster, die zum Trägermaterial passen – in diesem Fall Seide."

Die Kommissarin fragte weiter: „Woran hast du gemerkt, dass das Bett unbenutzt war? Mir wäre das nie aufgefallen. Es war doch zerwühlt!"

„Wie ich schon sagte", wiederholte Jette, „gebrauche deine Sinne. Das Bettzeug war verstaubt und roch muffig. Also – vertraue deinen Sinnen."

Als Anne merklich zögerte, forderte Jette ihre Freundin auf: „Nun sag schon, was dich bedrückt."

Die Kommissarin sah ihre Freundin an und fragte zaudernd: „Hättest du nicht Lust, als meine persönliche Beraterin in den Polizeidienst einzutreten?"

Nun musste Jette schallend lachen und entgegnete prustend: „Für alles in der Welt nicht, liebe Anne. Was soll eine fast blinde, alte Prinzipienreiterin bei jungen, beamteten Ermittlern? Nein! Ich könnte mich eurer Denkweise nicht mehr anpassen – und will es auch nicht."

Nachdem sie sich ein wenig beruhigt hatte, ergänzte sie ernst: „Aber du kannst mich jederzeit ansprechen, wenn du Unterstützung benötigst. Ich stelle dir meine Fähigkeiten auch zukünftig gern zur Verfügung." Mit verschmitztem Lächeln setzte sie hinzu: „Auf diese Weise bleibe ich altes Eisen doch noch ein nützliches Glied der Gesellschaft!"

Lillys Geheimnis

Lillys Geheimnis

Die junge Frau stand am Brunnen und beobachtete das geschäftige Treiben auf dem großen Marktplatz. Trotz ihres feuerroten Haares, ihrer schlanken Gestalt und ihrer anmutigen Haltung, beachtete kaum jemand die junge Frau in der Kleidung einer Magd, der ihren niederen Stand anzeigte.

Sie stieg gemächlich von den Brunnenstufen herab und schlenderte an den Marktständen vorbei, wobei sie hier eine Kartoffel berührte oder dort an einem Apfel roch. Unvermittelt stand sie plötzlich neben einer der edlen Damen vom Schloss, die in glänzender, blauer Brokatseide gekleidet waren. Sie lauschte der Unterhaltung dieser Damen von edlem Geblüt. Offensichtlich war die jüngere der beiden- Marie genannt – diejenige von höherem Stand, denn die Ältere schmeichelte ihr ununterbrochen. Das rothaarige Mädchen in seiner schlichten Kleidung beobachtete die beiden Damen genau und bemerkte, wie sich häufig deutliche Spuren von Angst auf dem Gesicht der Älteren zeigten. Katharina, wie die Ältere von Marie angesprochen wurde, zeigte sich der Jüngeren gegenüber fast unterwürfig. Die junge Magd lächelte.

Als Katharina zu ihrer zu ihrer brünetten, jüngeren Freundin sagte: „Ja Marie. Du hast bestimmt weitaus mehr Erfahrung als ich“, kicherte die Magd.

Indigniert drehten sich die beiden Damen um und Marie fragte streng: „Was ist daran komisch?“ Das junge Mädchen äffte Katharina nach: „Du hast bestimmt weitaus mehr Erfahrung als ich“, und kicherte erneut. Katharina rief empört: „Du ungezogenes Gör! Weißt du nicht, wie man sich uns gegenüber zu benehmen hat?“. Und Marie setzte barsch hinzu: „Wie heißt du?“ Während sie lachend davon schlenderte, rief die Rothaarige: „Man nennt mich Lilly“. Schaudernd wendete sich Marie ihrer Freundin zu: „Was für ein scheußlicher Name!“

Noch bevor Katharina eifrig ihre Zustimmung kundtun konnte ertönten Trompetenklänge. Der Führer einer Reiterschar entrollte ein Pergament und verlas laut: „Bürger von Kempten. Hiermit gibt der Bischof bekannt, dass am morgigen Samstag, im Jahre des Herrn anno 1775, auf dem Dorfberg die Verbrennung der Hexe Gilda aus dem Tannenhaus vollzogen wird, wie es das königliche Gericht für rechtens befunden hat“.

Der Bote rollte das Schriftstück wieder zusammen und verließ mit seinen Begleitern den Domplatz. Unter dem unwilligen Gemurmel der Bürger zogen es Marie und Katharina vor, ihre Kutschen zu besteigen und in ihr Landschloss zurück zu kehren. „Hat der preußische König nicht einen Erlass verkündet“, sinnierte Marie, „dass es keine Hexenverbrennung mehr geben darf?“ Ungewohnt klar und verächtlich reagierte Katharina: „Pah – die Preußen! Was für ein eigensinniges Volk!“ Bevor die Jüngere darauf eingehen konnte, hielt der Kutscher das Gefährt mit lautem ‚Brrr‘ abrupt an. Die beiden Frauen schauten irritiert aus dem Fenster der Kutsche und sahen Lilly, die den Weg versperrte. Marie rief: „Was willst du?“ Lilly näherte sich der Kutsche und lächelte: „Was werdet ihr wegen Gilda unternehmen?“ Marie und Katharina schauten sich verblüfft an. Die Jüngere fragte verwirrt: „Was meinst du? Was sollen wir unternehmen?“ Katharina ergänzte verärgert: „Was haben wir mit dieser Teufelsanbeterin zu tun?“ Lilly näherte sich weiter und ihre grünen Augen blitzten: „Hast du die Nacht vergessen, als Gilda dir zu Hilfe eilte?“ Marie errötete und fragte entsetzt: „“Was weißt du davon?“ Katharina sah ihre Freundin völlig entgeistert an, schwieg jedoch. „Nun?“, wiederholte Lilly, „Hast du die Nacht vergessen?“ Marie, nun kreidebleich, lehnte sich mit kalkweißem Gesicht zurück. Katharina gebot dem Kutscher energisch, weiter zu fahren und die Kutsche setzte sich schnell in Bewegung. Marie fühlte den bohrenden Blick der Freundin. In ihrem Kopf jagten sich die Gedanken, während sie Übelkeit in sich aufsteigen spürte. In Maries Schlafgemach angekommen, ließ sie sich auf ihr Chaiselongue fallen, während Katharina nervös im Zimmer auf und ab wanderte. Schließlich blieb sie vor ihrer Freundin stehen und sagte schneidend: „Willst du mich nicht endlich einweihen oder möchtest du, dass ich Pater Stefanus hinzu ziehe?“ Marie schrie leise auf: „Das meinst du nicht wirklich!“ Doch Katharina schien entschlossen zu sein. Marie sackte auf ihrer Liege zusammen und flüsterte: „Also gut! Vor etwa sechs Monaten habe ich nach Gilda geschickt, weil ich merkte, dass ich schwanger war. Sie hat mir geholfen, das Kind zu ... zu... ich meine... zu verlieren“. Katharina baute sich vor ihrer Freundin auf und rief empört: „Und was hat Arthur dazu gesagt? Ich dachte immer, ihr wolltet Kinder?“ Marie erwiderte mit tonloser Stimme: „Arthur weiß nichts davon. Das Kind war nicht vom ihm.“

Katharina schaute ihre Freundin ungläubig an: „Ich fasse es nicht. Du – eine Ehebrecherin?“ Ihre Moralvorstellungen waren aufs Peinlichste berührt. Ihre Freundin – eine Ehebrecherin! Nein, sie konnte es nicht glauben, denn es stellte alles in Frage, was sie bisher geglaubt hatte. Sie hatte tatsächlich geglaubt, dass sie nur auf Maries Betreiben hin noch auf dem Schloss bleiben durfte. Deswegen hatte sie schließlich all die Zeit Maries Nähe gesucht und sich bemüht, alle Wünsche der jungen Frau zu erfüllen. Unverheiratete Frauen in Katharinas Alter – sie war schließlich bereits 29 Jahre alt – waren in der Regel nur noch kurzzeitig geduldet. Hatten sie die 30 überschritten, wurden sie unsanft des Hauses verwiesen. Es sei denn... – ja – es sei denn, eine Jüngere wünschte sie als so genannte „ältere Schwester“, die die strengen Regeln des Protokolls beherrschten und die Jüngeren darin zu unterweisen vermochten. Und genau darauf hatte Katharina gehofft. Deshalb hatte sie sich dienstbeflissen, unterwürfig und allzeit unterstützend verhalten.

Und nun das!

Als es leise an der Tür klopfte, rief Marie unwirsch: „Was ist, Ludwig?“ Der Diener steckte den Kopf durch den Türspalt: „Gnädige Frau, draußen ist eine junge, rothaarige Frau, die unbedingt mit Euch sprechen möchte. Sie sagte, es sei dringend!“

Marie schaute ihre Freundin hilflos an und Katharina erwiderte knapp: „Bitte sie herein“. Wenige Augenblicke später stand Lilly im Zimmer und sah die beiden Damen herausfordernd an: „Habt ihr euch überlegt, was ihr zu unternehmen gedenkt?“ Katharina, vor Zorn hochrot im Gesicht, entgegnete: „Was erlaubst du dir? Was hast du mit Gilda überhaupt zu schaffen?“ Lilly lächelte: „Wenn ihr nichts unternehmt, werde ich morgen auf dem Marktplatz verkünden, wer ich bin, was ich weiß und ihr werdet es sicherlich sehr bedauern, mich heute derart arrogant behandelt zu haben“. Marie, die das Mädchen genau beobachtet hatte sagte etwas ruhiger: „Komm näher, Lilly. Hilf uns. Wir wissen tatsächlich nicht, was du meinst“.

Doch Lilly lachte weiterhin Katharina an: „Leider ist der Kutscher zu früh losgefahren, sonst hätte ich dich *auch* noch fragen können, ob du die Nacht vor 16 Jahren vergessen hast?“ Nun erbleichte Katharina und fuhr erschrocken zurück. „Das weiß niemand!“ rief sie aus, „Das kannst du nur vom Teufel persönlich erfahren haben!“ Nun war es an Marie, zu staunen: „Liebste Freundin“, fragte sie mit honigsüßer Stimme, „was meint sie damit? Was ist vor 16 Jahren passiert?“ Katharina wischte sich ein paar Schweißperlen von der Stirn und erwiderte stöhnend: „Das hatte ich vollkommen vergessen. Damals war auch ich schwanger. Doch mein liebster Karl war auf einem Feldzug. Und du weißt, dass er nicht mehr zurückgekommen ist. Unser damaliger Kutscher hat mich derweil getröstet. Als ich bemerkte, dass ich schwanger war, schickte ich nach

Gilda. Doch für einen Kindsabgang war zu spät sei. Deshalb habe ich mich auf unser Landdomizil zurückgezogen und das Kind zur Welt gebracht. Gilda hat sich dann um alles weitere gekümmert“. Nachdem sie geendet hatte, brach Marie in lautes Gelächter aus: „Und das meiner ach so moralischen Freundin? Du zeigst mit dem Finger auf mich? Du drohst mir mit Pater Stefanus?“ Sie konnte sich kaum beruhigen, fuhr jedoch weiter: „Ich glaube, daraus wird nichts meine Liebe“.

„Nun“, beharrte Lilly erneut, „was werdet ihr unternehmen?“ Betreten sahen sie einander an und Marie fragte: „Was können wir denn tun? Sie ist doch rechtmäßig vom königlichen Gericht verurteilt worden?“ Katharina lief erneut, in höchstem Maße nervös, im Zimmer auf und ab. Plötzlich hielt sie inne: „Marie! Wir müssen tatsächlich etwas unternehmen! Du weißt doch, dass die Verurteilten noch ein letztes Wort haben, bevor das Holz entzündet wird. Was ist, wenn Gilda deine und meine Geschichte noch erzählt? Wir können uns in Kempten nicht mehr sehen lassen. Wir werden zum Gespött der Leute. Können wir das zulassen?“ Jammernd erwiderte Marie: „Ja, aber, was sollen wir denn tun?“

„Ich hätte da eine Idee“, lächelte Lilly. Erwartungsvoll richteten sich die Augen der edlen Damen auf das Mädchen: „Dann sag schon!“, drängten sie fast gleichzeitig. „Ich weiß“, antwortete Lilly, „dass auch Pater Stefanus ein kleines Geheimnis mit sich trägt. Gilda war vor einiger Zeit in seinem Haus und half einem sehr nervösen und ängstlichen Pater in einer äußerst pikanten Situation“. Die beiden Frauen konnten kaum glauben, was sie soeben aus Lillys Mund vernommen hatten. Ungläubig starrten sie auf das Mädchen und brachten keinen Ton heraus. Nach einer Weile des Schweigens sagte Katharina leise: „Das ist ja nicht zu glauben!“ Marie fügte ebenso leise hinzu: „Pater Stefanus? Der züchtige Gottesmann?“ Lilly fuhr fort: „Ja – und das ausgerechnet mit der Frau des Richters“. Katharina stoppte mitten in ihrem Schritt, während sich Marie senkrecht aufsetzte. Aus beider Mund hörte Lilly das zeitgleiche ‚Waaas?’

„Deshalb“, fuhr Lilly fort, „bin ich sicher, dass ihr Pater Stefanus davon überzeugen werdet, dass eine Begnadigung Gildas sogar Gott gewollt ist. Sollte der Richter auf dem Urteil bestehen, werdet ihr gewiss überzeugende Argumente finden, die ihn zur Zustimmung der Begnadigung bewegen“.

Leise fuhr Lilly fort: „Pater Stefanus hat panische Angst, dass ein kleines Geheimnis bekannt wird. *Er* steckt hinter dieser Hexenverbrennung, *Er* hat den Bischof überredet, das Urteil zu fällen. *Er* will die Gewissheit, dass Gilda niemals mehr in der Lage ist, sein Geheimnis auszuplaudern.“ Nach kurzem Zögern fuhr sie fort: „Es wäre mir äußerst unangenehm, wenn ich mein gesamtes Wissen – sowohl von euch beiden, als auch von Pater Stefanus – morgen auf dem Dorfberg preisgeben müsste“. Sie drehte sich um verließ das imposante Gebäude.

Kurze Zeit später verließen die edlen Damen in einer eilig davon preschenden Kutsche das Gelände und suchten Pater Stefanus auf, der dem Anliegen sehr interessiert zuhörte. Noch am selben Abend unterschrieb der Richter die Begnadigung, die durch Gottes Fügung von Pater Stefanus übermittelt, zustande gekommen war. Nach wenigen Tagen kehrte Gilda in ihr kleines Häuschen zurück, wo eine liebevolle und strahlende Lilly sie erwartete. Nach einiger Zeit besuchten sie gemeinsam die Damen vom Schloss – Marie und Katharina.

Ohne Umschweife fragte Katharina: „Sag Gilda, woher kommt dieses ausnehmend ungewöhnliche und mutige Mädchen? Wir haben es in Kempten noch nie zuvor gesehen“ Gilda lächelte: „Ja Lilly hat mir von Eurer Neugier berichtet. Aber – mich wundert ein wenig, dass Euch die roten Haare nicht bekannt vorkommen?!“. Sie schwieg, während an Katharinas Gesicht abgelesen werden konnte, wie in ihrem Kopf die Gedanken Purzelbäume schlugen. Plötzlich erstarrte sie und stammelte: „Das ist doch nicht möglich!“ Marie drängte sie, zu erläutern, was sie damit meinte. Gilda lächelte erneut: „Ja es ist Eure Tochter, Gnädigste. Ich habe gesagt, dass ich mich um alles kümmern würde – damals – vor 16 Jahren. Sie wuchs bei mir auf. Sie sollte Euch eigentlich nie begegnen. Übrigens – sie heißt nicht Lilly, sondern Elisabeth. Lilly ist ihr Kosename“.

Elisabeth ging auf Katharina zu und sagte leise: „Du wirst verstehen, dass ich niemals Mutter zu dir sagen werde. Das bleibt Gilda vorbehalten. Aber – ich möchte, dass du dafür Sorge trägst, dass in Kempten nie mehr eine Frau als Hexe verbrannt wird“. Nach einer kurzen Pause drängte sie: „Versprichst du das?“ Marie reagierte als Erste: „Junge Dame! Sei gewiss, dass es in Kempten nie wieder eine Hexenverbrennung geben wird. Ich sorge dafür, dass die Schriften des Christian Thomasius aus Preußen, von dem ich einiges in letzter Zeit gelesen habe, auch in unserem Lande Verbreitung finden.“

Zurück im Tannenhäuschen fragte Lilly: „Was meinst du? Wird sie ihr Wort halten?“ Bedächtig antwortete die Hebamme und Kräuterfrau: „Das wird sich erst im Nachhinein herausstellen. Erst die Generationen nach uns können beurteilen, ob sie Wort gehalten hat. Weißt du – Kempten ist ja nur ein Ort von vielen, in dem Frauen verbrannt werden.“. Lilly seufzte: „Es wäre schön, wenn wenigstens bei *uns* dieser Schrecken sein Ende fände“.

Der Hund des Schäfers

Der Hund des Schäfers

Schon seit Stunden suchte Konrad nach seinem Schäferhund Ronny. Erst in der Dämmerung fand er ihn unter der alten Linde am Ufer des Dorfteichs. Der alte Schäfer starrte fassungslos auf seinen langjährigen, treuen Weggefährten, der nun leblos unter dem Baum lag. Er kniete ächzend nieder, um zu erkennen, ob sein vierbeiniger Freund noch Lebenszeichen von sich gab. Es war zu spät. Sein bester Gehilfe, wenn die Schafherde von der Weide in den Stall getrieben werden musste, war tot. Misstrauisch sah sich Konrad nach allen Seiten um, ob der Bösewicht, der das zu verantworten hatte, vielleicht noch zu sehen war. Doch die Dorfbewohner hatten sich an diesem kühlen Frühlingstag bereits in ihre Häuser zurückgezogen. Keine Menschenseele zeigte sich auf der einzigen Straße des Dorfes.

Behutsam hob Konrad seinen Ronny hoch, trug ihn andächtig in den Schafstall und bettete ihn vorsichtig auf einen Heuballen. Nach gründlicher Untersuchung fand er schließlich die Schusswunde, die seinen Kameraden getötet hatte. Mit grimmiger Miene, die sein zerfurchtes Gesicht mit weiteren, tiefen Falten durchzog, erhob er sich, straffte seine Schultern und ging mit entschlossenem Schritt in seine angrenzende Kammer. Mit zusammen gekniffenem Mund griff er zum Telefon und wählte die ihm mittlerweile allzu geläufige Nummer des benachbarten Polizeireviers. Als er den diensthabenden Beamten an der Stimme erkannte, knurrte er in den Hörer: „Ludwig! Jetzt haben sie mir auch noch meinen Ronny umgebracht!“

Der Polizist Ludwig Kemper, ein alter Bekannter von Konrad, zog hörbar die Luft ein: „Wie bitte?! Das kann doch wohl nicht wahr sein!“ Nach einer kurzen Pause setzte er spontan hinzu: „Ich bin gleich da!“

Ohne eine Antwort abzuwarten, hatte er aufgelegt. Nur wenige Minuten später betrat er den Stall und sah Konrad neben seinem geliebten Hund knien. Der Polizist hockte sich daneben und legte seine Hand auf die Schulter des alten Schäfers. Geistesabwesend fragte Konrad: „Warum?“

Doch Ludwig Kemper hatte keine Antwort. Er stand vor einem Rätsel. „Das tut mir wirklich leid Konrad“, versuchte er einen schwachen Trost, „erst deine Jule – und jetzt dein Ronny!“

„Was haben meine Hunde denn bloß verbrochen? Warum tötet jemand meine besten Freunde? Warum Ludwig? Warum?“

Der Beamte schüttelte mit dem Kopf und erwiderte: „Das weiß ich auch nicht alter Freund. Aber – sag mal – hast du denn wirklich keine Ahnung, wer das getan haben könnte? Ich meine, du musst doch irgendetwas wissen?“

Konrad zuckte mit den Schultern und streichelte über das Fell seines toten Hundes. Die beiden Männer hingen ihren Gedanken nach und sprachen lange Zeit kein Wort. Schließlich räusperte sich Ludwig: „Wenn du nichts dagegen hast, möchte ich den Hund obduzieren lassen. Vielleicht finden wir den Schurken, wenn wir die Kugel entfernen. Wenigstens können wir das Kaliber feststellen."

Schweren Herzens stimmte der Schäfer zu und es vergingen nur zwei Tage, als Ludwig seinen Freund auf der großen Wiese von Bauer Eberhard aufsuchte. „Nun?", fragte Konrad, „Was hast du herausgefunden?"

Ludwig kratzte sich am Hinterkopf und erwiderte beklommen: „Es sieht so aus, als hätte der Heinrichs Peter etwas damit zu tun. Seine Flinte ist registriert und der Test hat ergeben, dass die Kugel aus seiner Waffe stammt." Mit einem durchdringend Blick fragte Konrad: „Und was sagt er dazu?"

„Das ist ja das Verrückte. Er ist nicht aufzufinden!"

„Wie – er ist nicht aufzufinden?"

„Na ja – er ist wie vom Erdboden verschluckt!"

„Was meint Eva dazu?"

„Seine Frau? Aber du kennst sie doch!"

„Was denn – schon so früh am Morgen?

„Ach Konrad", seufzte Ludwig, „seit dem Tod ihres Sohnes vor drei Monaten trinkt sie mehr als vorher. Jetzt fängt sie wahrscheinlich schon vor dem Frühstück an."

„Und Frieder?"

„Der Junge hat keine Ahnung, wo sein Vater sein könnte." Ludwig zögerte, bevor er fortfuhr: „Warum sollte der Peter deine Hunde erschießen?"

„Was weiß ich?"

Der Polizist sah wie Konrad seine Hände zu Fäusten ballte und ermahnte ihn: „Halte du dich jetzt zurück. Wir kümmern uns um ihn. Hast du verstanden?"

Konrad drehte sich wortlos um und überquerte gemächlich die große Wiese. Lena, seine einzige noch verbliebene Schäferhündin, folgte ihm gehorsam.

Bei Sonnenuntergang scheuchte Lena die Schafe in den Stall und Konrad begab sich in seine Kammer. Er zündete die Petroleumlampe an, holte vergilbtes Briefpapier aus der Holztruhe und setzte sich an seinen grob gehauenen Tisch. Mit kritzeliger, ungeübter Handschrift verfasste er einen Brief, faltete ihn, schob ihn in einen ebenso vergilbten Umschlag und stellte ihn auf den Küchenschrank. Dann begab er sich eilig zum Heinrichs-Hof. Als er an der Tür klopfte, rührte sich nichts. Der Hof lag im Dunkeln. Keine Lampen erhellten den Hof und kein Licht drang durch eines der Fenster. Völlige Stille herrschte auf dem Gehöft. Weder Kühe, noch Hühner waren zu hören. „Seltsam“, dachte Konrad. Er betrat die Scheune und fand sie vollständig leer vor. Auch der Hühnerstall war gähnend leer. Wieder dachte Konrad: „Wie seltsam.“

Als Konrad den Schlag auf seiner Stirn spürte, sackte er zusammen, wie ein nasser Kartoffelsack. Den Knall hörte er nicht mehr. Er war tot, bevor er auf dem staubigen Boden vor der Scheune aufschlug. Die kräftige Gestalt in dunkler Arbeitskleidung hievte ihn auf den Rücken und schleppte ihn zum Brunnen. Die Gestalt lauschte, bis sie den Aufprall im Wasser vernahm und entfernte sich mit raschen Schritten. Durch den Hintereingang gelangte sie in das Haupthaus, schaltete das Licht ein und ließ sich auf das Sofa fallen.

Peter Heinrichs sah mit tränennassen Augen herüber zu seiner Frau, die reglos in ihrem Lieblingssessel auf ihn gewartet hatte. „Liebste Eva“, stammelte er, „Verzeih mir. Ich konnte nicht anders.“

Das Loch in ihrer Stirnmitte glänzte im Lichtschein der Lampe und ihre leeren Augen sahen durch ihn hindurch. Frieder saß zusammengesunken auf der Essbank mit dem Kopf auf dem Tisch, während ein kleines Rinnsal Blut aus einer Wunde an der Schläfe herunter gelaufen war. Peter beugte sich über seinen Sohn, strich ihm liebevoll über das Haar und weinte hemmungslos. Nach einiger Zeit erhob er sich seufzend, nahm das dicke Seil aus der Sitzbank und ging entschlossenen Schrittes zur Scheune.

Die Nachricht von der Familientragödie breitete sich wie ein Lauffeuer aus – quer durch das Dorf. Die Polizei aus der Kreisstadt hatte den Hof abgeriegelt und alle Spuren gesichert.

Ludwig Kemper suchte derweil nach seinem Freund Konrad. Verwundert fand er zwar die Schafherde im Stall, doch von seinem Freund keine Spur. Schnell fand er den Brief auf dem Küchenschrank, öffnete ihn mit zitternden Händen und konnte kaum glauben, was er zu lesen bekam. Eilig sprang er in seinen Streifenwagen und brauste zum Heinrichshof.

Nachdem er den Brief dem ermittelnden Kommissar überreicht hatte, ergingen ein paar kurze Befehle und die Suche nach Konrad begann. Es dauerte nicht lange und die Leiche Konrads wurde geborgen.

Müde begab sich Ludwig Kemper nach Hause. Nach dem Essen, setzte er sich zu seiner Frau Luise und seufzte: „Stell dir vor – der Peter hat seine ganze Familie und den Konrad umgebracht!“

„Um Gottes willen! Warum das denn?“

„Du weißt doch, dass der Roland vor drei Monaten verunglückt ist. Nicht wahr?“

„Ja doch. Deshalb hat doch die Eva wieder angefangen zu trinken.“

„Ja – und jetzt stellt sich heraus, dass der Roland gar nicht Peters Sohn war.“

„Um Himmels willen!“

„Vor Jahren, als der Peter noch nicht mit Eva zusammen war, hatten Konrad und sie ein Verhältnis. Weil aber Konrad ständig unterwegs mit seiner Herde war, bändelte Eva mit Peter an, der sie kurze Zeit später heiratete. Nur – Roland, der vor drei Monaten unter den Pflug geraten ist – war Konrads Sohn. Und den hat Eva so sehr geliebt, dass sie seinen Tod nicht verwunden hat und wieder anfing zu trinken.“

„Aber warum hat Peter den Konrad jetzt umgebracht? Das ist doch schon so lange her? Roland war doch mindestens schon 30 Jahre alt?“

„Das schon – aber Peter hat es erst vor drei Monaten erfahren. Als man im Krankenhaus eine Bluttransfusion legen wollte, um Roland zu retten, hat sich herausgestellt, dass Peter nicht der Vater sein kann.“

„Ach du liebe Güte!“

„Ja – und da hat Eva dem Peter alles gebeichtet. Und der ist damit nicht fertig geworden.“

„Du meinst also – er ist einfach durchgedreht?“

„Nein“, zögerte Ludwig, „Ich glaube, das hat der schon richtig geplant. Warum hätte er sonst die beiden Hunde von Konrad erschossen? Ich glaube, der hatte nur noch Rache im Kopf.“

Die Jugend von heute

Die Jugend von heute

Zum ersten Mal bereute Henriette Berger ihre Abneigung gegen Mobiltelefone. Obwohl grundsätzlich für alles Neue offen, eine Tugend, die sie sich auch in ihrem fortgeschrittenen Alter bewahrt hatte, waren ihr Handys suspekt. Aber heute? Heute hätte sie dringend eines benötigt, denn statt endlich die Voraussetzungen für das Internet zu schaffen, hatte dieser Handwerker doch tatsächlich ihre Telefonleitung beschädigt. „Ausgerechnet heute“, seufzte sie, „wo ich versprochen habe, Luise anzurufen.“ Luise!

Henriette Berger konnte die entferne Verwandte in Österreich noch nie sonderlich gut leiden, aber, wie pflegte sie zu sagen? – Verwandte kann man sich nicht aussuchen; Verwandte sind Tücken des Schicksals. Luise war eingebildet, ignorant und überspannt. Am meisten störte Henriette Luises Getue um die ach so wohl geratene Familie. Die Tochter hatte studiert; der Sohn eine reiche Freundin, man hatte ein eigenes Unternehmen und natürlich ein schickes Wochenendhaus. Nein – Wichtigtuerei und Aufgeblasenheit lehnte Henriette kategorisch ab. Aber – sie hatte Luise versprochen, anzurufen. Und Henriette Berger pflegte ihre Versprechen zu halten. Immer!

Unwillig schlüpfte sie in ihren Wollmantel, streifte ihre Handschuhe über, bedeckte ihre weißen Locken mit dem dunklen Filzhut und griff energisch nach dem Schirm. Äußerst lästig, bei diesem Wetter zur Telefonzelle stapfen zu müssen, dachte sie missmutig und verließ das Haus. Schon von weitem erkannte sie, das das beleuchtete Glashäuschen besetzt war. Nach wenigen Minuten hatte sie ihr Ziel erreicht, doch der junge Mann war offensichtlich noch im Gespräch. Henriette wunderte sich, denn die jungen Leute hatten doch alle ein Mobiltelefon. Wieso der nicht? Seltsam, dachte sie.

Als sie hörte, was der junge Mann in den Hörer brüllte, spitzte sie die Ohren und schaute genauer hin. Mit seinen abgewetzten Jeans und seinem grünen Parka kleidete er sich wie seine Artgenossen. Doch dann entdeckte sie Ungeheuerliches. Dieser Schlingel hatte tatsächlich ein Taschentuch über die Sprechmuschel gelegt und brüllte hinein. Na so was! Unfreiwillig – ob der Lautstärke – war sie gezwungen, einen Teil des Gesprächs mit anzuhören. „...ja, strahlend blauer Himmel hier und mindestens 30 Grad...

jede Menge Palmen, sogar hier vor der Zelle...

Dattelpalmen, glaube ich...

braun werden? Wer will denn heute noch braun werden?...

Nein, mein Handy ist gestern geklaut worden...

Du, ich muss Schluss machen...

ja, ich dich auch. ... Tschüss!“

Henriette schüttelte den Kopf und bedachte den Frechdachs beim Verlassen der Zelle mit tadelndem Blick. Doch statt schuldbewusst dreinzuschauen, grinste der Bengel sie an. „Noch nie Notlügen gebraucht?“

Henriette musterte ihn von oben bis unten. „Das, junger Mann, war keine Notlüge, sondern ein bewusstes Irreführen und charakterloses Hintergehen einer Person, die Ihnen offensichtlich vertraut."

„Tja. Manche brauchen das."

„Nein!", entgegnete Henriette streng, „Das braucht keiner! Das ist ungehörig und infam. Das, junger Mann, hat niemand verdient."

„Das", grinste dieser Bursche zurück, „kann nur jemand sagen, der meine Mutter nicht kennt."

„Ihre Mutter? Die eigene Mutter?" Fassungslos starrte Henriette in die spöttischen Augen ihres Gegenübers. Lachend zog das Früchtchen seine Kapuze über den Kopf, nickte Henriette zu, vergrub die Hände in die Parkataschen und schlenderte pfeifend davon.

Was soll man davon halten, dachte Henriette Kopf schüttelnd. Gewissenhaft schloss sie die Falttür hinter sich, klemmte sich die Lesebrille auf die Nase und wählte Luises Nummer. Während sie auf die überdrehte Sopranstimme ihrer Kusine 3. Grades wartete, fragte sie sich, was das wohl wieder kosten würde. Kaum hatte sie ihren Namen genannt, überrollte sie ein Wust an Neuigkeiten vom anderen Ende.

„Liebste Jette, stell' dir vor! Paul – du kennst doch Paul, nicht wahr? Er hat gerade von Südamerika angerufen und von der wunderbaren Gegend erzählt. Stell' dir vor, meine liebste Henriette! Nur Palmen – ich glaube Dattelpalmen hat er gesagt – nur Palmen und 30 Grad. Und das im November! Ist das nicht fantastisch? Ist er nicht ein ganz außergewöhnlicher Junge – mein Paul?

Vorsicht vor Ralf!

Vorsicht vor Ralf!!!

Mit einer Vielzahl an Plastiktüten bepackt, kehrte Julia Wolff nach ihrem Einkaufsbummel zum Auto zurück und sah den kleinen Zettel unter dem linken Scheibenwischer erst, als sie die Fahrertür aufschloss. Achtlos warf sie die Beutel auf den Rücksitz, fingerte am Außenspiegel vorbei nach dem Stück Papier, klappte es auf und las:

„Vorsicht vor Ralf!!!"

Verdutzt drehte die schlanke, junge Frau mit der roten Haarmähne den Zettel in ihrer Hand hin und her, um einen Hinweis auf den Absender zu entdecken, doch der Wisch gab dieses Geheimnis nicht preis. Die Buchstaben waren offensichtlich mit dem Computer geschrieben und gaben keinerlei Hinweis auf den Schreiberling. Konsterniert steckte sie den Papierschnipsel in die Tasche ihres eleganten, lindgrünen Trenchcoats, schüttelte den Kopf und stieg in ihren schnittigen, roten Sportwagen. Sie legte den Gurt an, doch – bevor sie den Motor startete, kramte sie erneut den Zettel hervor, betrachtete noch einmal die wenigen Worte und ließ das Stück Papier nachdenklich auf ihren Schoß sinken.

„Was soll das heißen?", fragte sie sich. Ralf Thoben war der nette, neue Kollege, den ihr Mann Klaus erst vor ein paar Tagen mit nach Hause gebracht und ihr vorgestellt hatte. Im Gegensatz zu Klaus, der eher zu den ruhigen, wortkargen Typen zählte, erlebte sie Ralf als charmant, witzig und äußert zuvorkommend, denn er sparte nicht mit Komplimenten und Höflichkeiten. Dass sie diese ungewohnte Beachtung und Bewunderung regelrecht genossen hatte, gestand sie sich erst in diesem Augenblick ein. Sie mochte ihn und fand ihn ausnehmend sympathisch. Was sollte also diese Warnung? Und wer wollte sie warnen? Wovor sollte sie gewarnt werden?

‚Vorsicht vor Ralf' – und dann auch noch mit drei Ausrufezeichen! *Seltsam*, dachte die junge Frau hinter dem Steuer. Erneut schüttelte sie verwirrt den Kopf, stopfte den Schnipsel ungehalten in ihre Handtasche, drehte den Zündschlüssel und begab sich auf den Heimweg. In der luxuriösen Küche des Bungalows, den sie mit Klaus in einem der noblen Vororte der Großstadt bewohnte, brühte sie sich als erstes einen Kaffee. Der Zettel in ihrer Handtasche ließ ihr keine Ruhe. Gerade, als sie ihren Mann anrufen wollte, um ihm davon zu berichten, klingelte das Telefon. Julia zuckte zusammen, nahm den Hörer ab und meldete sich mit Namen.

„Hallo Frau Wolff", hörte sie Ralfs sonore Stimme am anderen Ende, „Wie geht es Ihnen?"

Julia spürte wie ihre Kehle sich zusammenzog. „Danke, gut", antwortete sie reserviert.

"Störe ich gerade?", fragte Thoben zuvorkommend.

Sich zur Ruhe ermahnend, antwortete sie verhalten lachend: „Nein, nein! Ich bin nur gerade erst hereingekommen und noch ein wenig außer Atem."

„Na, wenn das kein Zufall ist. Ich bin gerade in der Nähe und wollte fragen, ob Sie einem armen Außendienstler einen Kaffee spendieren?“

Julia war alarmiert! In ihrem Kopf schlugen die Gedanken Purzelbäume, in ihrer Magengegend meldete sich ein mulmiges Gefühl und sie. erwiderte zögernd: „Nun ja, ich hatte eigentlich vor, mich ein wenig auszuruhen. Diese Einkäufe ermüden mich immer.“

Enttäuschung drang an ihr Ohr: „Wie schade. Ich wollte mich noch einmal bei Ihnen für den bezaubernden Abend neulich bedanken. Heißt das ich kann meine kleine Überraschung heute nicht loswerden?“

Julia fühlte sich verunsichert. Was sollte sie tun? Vor ihrem geistigen Auge sah sie Ralfs tiefblaue Augen vor sich. Sein strahlendes Lächeln hatte sie schon bei ihrer ersten Begegnung fasziniert und sein unnachahmlicher Charme erreichte sie sogar durch das Telefon. „Bitte geben Sie mir eine halbe Stunde Zeit. Ich möchte mich erst erfrischen“, antwortete sie spontan und ärgerte sich im selben Augenblick über ihre Impulsivität.

„Fein!“, freute sich der Anrufer, „Dann bis gleich.“

Bevor Julia noch etwas erwidern konnte, hatte er aufgelegt.

Nur wenige Augenblicke später, als das Telefon erneut klingelte, zuckte Julia von neuem zusammen und griff zum Hörer. „Hallo Liebling“, hörte sie die vertraute Stimme. „Ach Klaus“, seufzte sie erleichtert, „Schön dass du dich meldest. Dein Kollege, Ralf Thoben, hat gerade angerufen. Er möchte auf einen Kaffee vorbeikommen und meinte, dass er sich mit einer kleinen

Überraschung für den schönen Abend in der letzten Woche noch einmal bedanken wollte."

Klaus' Reaktion überraschte Julia: „Das ist typisch Ralf! Kaum, dass er eine attraktive Mittdreißigerin kennenlernt, muss er sich an sie heranmachen. Aber ich mache mir da keine Sorgen. Ich weiß ja, dass du mich nie betrügen würdest."

Als das Gespräch nach ein paar Belanglosigkeiten endete, war Julia enttäuscht, dass ihr Mann überhaupt keine Anzeichen von Eifersucht zeigte. Es ärgerte sie, dass er sich ihrer derart sicher zu sein schien. *Vielleicht sollte ich ihm einmal demonstrieren, dass ich auch noch für andere Männer begehrenswert bin.* Zu ihrem Leidwesen hatte sich die Beziehung zwischen Klaus und ihr in letzter Zeit merklich abgekühlt. Julia konnte sich nicht erklären, warum er seit einigen Wochen nicht mehr mit ihr schlafen wollte, doch jedes Mal, wenn sie ihn darauf ansprach, flüchtete er sich in zuviel Arbeit, zuviel Stress und zu großer Müdigkeit. Den Verdacht, dass er sie mit seiner Sekretärin betrog, zerstreute der Detektiv, den sie mit der Beobachtung beauftragte, denn er hatte keinerlei Anhaltspunkte finden können. Er bestätigte nur Klaus' Erklärungen, dass er sehr häufig mit seinem neuen Kollegen auf Geschäftsreise unterwegs war. Alles schien demnach in Ordnung zu sein.

Schon klingelte die Türglocke. Julia straffte ihre Schultern, öffnete mit einem Lächeln die Haustür und sah in die tiefblauen Augen, die ihr über einem extravaganten Blumengesteck hinweg zuzwinkerten. Mit einem „Für die schönste Frau, die mir seit Jahren begegnet ist“, reichte er ihr den üppigen Strauß, den sie dankend entgegen nahm. Sie stellte das aparte Gebinde in eine passende Kristallvase auf den Küchentisch, der bereits für zwei Personen eingedeckt war. Während sie den Kaffee in die Tassen füllte, fragte sie sich: *Was macht dieser unglaublich gut aussehende Mann hier?* Seine Komplimente aufsaugend wie ein ausgetrockneter Schwamm, vergaß sie sehr schnell die Warnung auf dem Zettel.

Abrupt griff er nach ihrer Hand, schaute tief in ihre schillernden, grünen Augen und fragte: „Wissen Sie eigentlich, wie schön Sie sind?“

Beunruhigt wehrte sie ab: „So sehr ich mich geschmeichelt fühle Ralf, sollten Sie mir keine solchen Komplimente machen.“

„Und warum nicht?“

„Ich finde es einfach unpassend!“

Ralf grinste, sah sie schweigend an und Julia fühlte sich zunehmend verunsichert. Leise sagte sie: „Sie spielen mit dem Feuer, Herr Thoben. Ich glaube Sie sollten jetzt lieber gehen.“

Sie erhob sie sich, um ihn zur Haustür zu geleiten, doch der junge Mann rührte sich nicht von seinem Platz. Julias Verunsicherung steigerte sich zu Unbehagen und sie wiederholte nachdrücklich: „Bitte Ralf – gehen Sie jetzt!“

Der Besucher schien ihre Worte gar nicht zu hören, zog langsam sein Jackett aus und hängte es demonstrativ über die Lehne des Stuhls. Übertrieben freundlich erwiderte er: „Ich glaube, ich möchte noch einen Kaffee.“

Wie angewurzelt stand Julia im Türrahmen und konnte nicht fassen wie ihr Gast reagierte.

Fast befehlend fuhr er fort: „Haben Sie nicht gehört, was ich sagte? Ich möchte gern noch eine Tasse Kaffee!“

Völlig perplex folgte Julia seinem Wunsch mehr oder weniger mechanisch und Ralf grinste: „Na, geht doch!“

Fassungslos ließ sich Julia auf den Stuhl fallen und stammelte entgeistert: „Was wollen Sie?“

„Kannst du dir das nicht vorstellen?“

Mit der linken Hand löste er seine Krawatte, legte sie sorgfältig über sein Sakko und ignorierte Julias Entsetzen.

Wie aus einer Trance erwachend sprang sie auf und brüllte ihn empört an: „Was erlauben Sie sich, Herr Thoben?“

Doch Ralf war mit einem Sprung hinter ihr, presste seine Hand auf ihren Mund und flüsterte ihr ins Ohr: „Tu nicht so. Du willst es doch auch – oder?“

Sein eiserner Griff hielt sie umklammert und Julia fühlte, dass sie den körperlichen Kräften dieses Mannes nicht gewachsen war. Noch einmal versuchte sie, mit letzten Kräften, sich aus der Umklammerung zu lösen, doch Ralf hielt sie wie in einem Schraubstock fest. Julia fiel in eine erlösende Ohnmacht.

Als sie erwachte, lag sie auf ihrem Bett im Schlafzimmer und erst ganz allmählich setzte ihre Erinnerung wieder ein. Mit einem Ruck richtete sie sich auf und sah – Klaus, der sich besorgt über sie beugte. Beruhigend sprach er auf sie ein: „Keine Sorge Liebes. Er ist weg. Nach deinem Anruf hatte ich ein ungutes Gefühl und bin nach Hause gekommen. Er hatte dich bereits ins Schlafzimmer getragen, als ich zur Tür hereinstürmte.“ Mit breitem Grinsen fügte er hinzu: „Du hättest einmal seine Ausreden hören sollen!“

Zärtlich strich er über ihren Kopf: „Jedenfalls hat er dir kein Haar gekrümmt. Gut, dass ich meiner Eingebung gefolgt und gleich nach dem Anruf losgefahren bin. So, und nun ruh’ dich aus, meine Liebe. Ich bleibe für den Rest des Tages zu Hause.“

Erschöpft und erleichtert sank Julia in ihre Kissen zurück und war froh, dass Klaus rechtzeitig eingegriffen hatte. Nach geraumer Zeit steckte ihr Mann noch einmal den Kopf durch den Türspalt und informierte seine Frau: „Ich gehe nur schnell um die Ecke und hole mir Zigaretten. Ich bin ich gleich wieder zurück.“ Schläfrig drehte sich Julia wohlig um und schlief weiter.

Am Zigarettenautomaten wartete Ralf schon ungeduldig auf seinen Kollegen. Klaus schüttelte ihm die Hand: „Danke mein Freund. Das hast du ganz ausgezeichnet gemacht.“

„Meinst du, dass die Gefahr vorbei ist?“

„Na ja, das weiß man nie, aber ich glaube, wir können erst einmal beruhigt sein“, entgegnete Klaus. Er lächelte anerkennend: „Die Idee mit dem Zettel war ausgezeichnet.“

Ralf grinste: „Ja – ich habe da so meine kleinen Tricks.“

Klaus begleitete den Jüngeren zu seinem Auto, setzte sich kurz auf den Beifahrersitz und bedankte sich erneut.

Jegliche Zurückhaltung aufgebend umarmte er Ralf, der angesichts der Liebkosung hörbar die Luft einzog. Erregt beugte er sich zu seinem Begleiter und ihre Zungen tauchten ineinander. Sie konnten sich kaum voneinander lösen. Als es Klaus schließlich gelang, sich aus den Armen seines Geliebten zu befreien, öffnete er die Beifahrertür und sagte leise: „Ich muss jetzt zurück, sonst merkt sie noch etwas.“ Er stieg aus, beugte sich noch einmal in das Wageninnere und gestand: „Ich kann immer noch nicht fassen, dass ich mich – in meinem Alter – in einen Mann verlieben konnte. Julia wird uns jedenfalls erst einmal in Ruhe lassen. Und wenn wir das nächste Mal auf Geschäftsreise gehen, wird sie garantiert keinen Verdacht schöpfen.“

Blaublut

Blaublut

Die kleine Stehlampe tauchte den gemütlichen Raum in ein warmes, heimeliges Licht, aus dem die klirrende Februarkälte vollständig ausgeschlossen blieb. Nach einem hektischen Arbeitstag lag Christine bäuchlings auf dem Teppich und klopfte rhythmisch mit der Hand den Takt zur Musik, die über Kopfhörer in ihre Ohren drang. Die schlanke, rothaarige, junge Frau in dem weißen, bequemen Freizeitanzug drehte sich auf den Rücken. Sie hörte nicht das leise klickende Geräusch des Schlosses ihrer Haustür. Sie vernahm nicht das schwache Knarren der Türangeln, die stets das Öffnen der Eingangstür anzeigten. Sie sah nicht die dunkle Gestalt, die durch den Spalt schlüpfte und die Tür fast lautlos zudrückte. Auch die suchenden Augen des unbekannten Gastes blieben ihr verborgen.

Christine drehte sich auf die Seite, hielt ihren Kopf in der linken Hand gestützt und summte die Hauptmelodie des Musikstückes mit. Die angelehnte, ihrem Rücken zugewandte Wohnzimmertür, öffnete sich zentimeterweise. Die große Gestalt eines kräftigen Mannes schlich auf Zehenspitzen langsam auf die junge Frau zu. Er erstarrte, als das Telefon läutete. Doch Christine hörte das Klingeln nicht. Als nach einer Weile das Telefonläuten erstarb, entspannte sich der Unbekannte mit der schwarzen Skimaske sichtlich. Er schlich vorsichtig weiter auf die junge Frau zu. Nur noch etwa zwei Meter trennten ihn von ihr, als das Mobiltelefon eine melodische Klangfolge von sich gab. Wieder blieb er mitten in der Bewegung stehen.

Die Vibration des Telefons in ihrer Hosentasche erregte Christines Aufmerksamkeit. Sie richtete sich auf, entledigte sich der Kopfhörer, kramte ihr Handy heraus und meldete sich mit einem klaren „Hallo?“. Sie erhob sich vom Boden, um auf dem kleinen, gemütlichen Sessel Platz zu nehmen, als sie den Unbekannten entdeckte. Mit einem Schrei des Entsetzens ließ sie das Telefon fallen und stammelte: „Wer, wer sind Sie? Was…was…was wollen Sie?“ Aus dem Handy hörte man laut eine Stimme rufen: „Hallo Christine!?“ Automatisch rief die junge Frau laut und deutlich „Hilfe!!!“. Der Unbekannte war mit zwei großen Schritten bei ihr und hielt ihr mit dem kräftigen Druck seiner rechten Hand den Mund zu, während er sie mit dem linken Arm umschlang. Christine fühlte sich wie in einem Schraubstock festgeklemmt. Mit vor Entsetzen weit aufgerissenen Augen versuchte sie, sich aus der Umklammerung zu befreien, doch die körperliche Überlegenheit des Fremden ließen ihr keine Chance. Sie war ihm hilflos ausgeliefert.

Noch immer rief die Stimme aus dem Handy: „Christine!!! Was ist los??? Hallo!!!“

Der Eindringling zerstörte das Mobiltelefon mit einem kräftigen Tritt seines Schuhabsatzes. Christine erstarrte, denn diese Form der Zerstörungswut war ihr nur allzu gut bekannt. Als hätte der Fremde ihre Gedanken gelesen, ließ er plötzlich von ihr ab, zog die Mütze mit den beiden Augenschlitzen vom Kopf und stellte mit höhnischer Stimme fest: „Mit mir hast du nicht gerechnet – nicht wahr, Süße?“ Er stieß sie mit beiden Händen vor den Brustkorb, so dass sie rücklings in den Sessel fiel. Mit schiefem Grinsen baute er sich vor ihr auf und wiederholte: „Mit mir hast du offensichtlich nicht gerechnet, nicht wahr?“ Er schlenderte zum gegenüber liegenden Sessel, ließ sich mit einem Ausruf des Wohlbefindens in ihn fallen und fuhr ironisch fort: „Nun, Chrissy, hat es dir die Sprache verschlagen? Du bist doch sonst nicht so redefaul?“

Völlig entgeistert fragte die junge Frau: „Was machst du denn hier Klaus?“

Er antwortete grinsend: „Glaubst du allen Ernstes, du könntest mir entkommen?“ Mit Nachdruck fragte sie erneut: „Was willst du? Wie hast du mich gefunden?“

Klaus lehnte sich, noch immer grinsend, im Sessel zurück und erwiderte höhnisch: „Es war gar nicht so schwierig, dich zu finden. Bei deiner Ausbildung? Als Zellbiologin mit pharmazeutischer Zusatzausbildung? Wie viele pharmazeutische Großkonzerne gibt es denn in Deutschland, die so eine wie dich brauchen können? Das war leicht. Allerdings hat es ein wenig gedauert, bis ich dieses Kaff hier – wie heißt es noch? Ach ja – Pattscheid – gefunden habe.“ Er sah sich um und bemerkte: „Du hast ein hübsches, kleines Häuschen, aber – es gibt keinen noch so kleinen Ort auf der Welt, als dass ich dich nicht aufspüre.“ Zufrieden fuhr er fort: „Dann gründen wir unsere kleine Familie eben hier, wenn du das so willst – ich bin ja flexibel.“

Die junge Frau kramte in ihrem Inneren fieberhaft nach einer Fluchtmöglichkeit – doch ihr fiel nicht ein, wie sie diesem Irren entkommen sollte. „Aber – vielleicht hat Michael ja eine Idee“, dachte sie. Inbrünstig hoffte sie, dass er über das Mobiltelefon mitbekommen hatte, in welch einer Bredouille sie sich befand.

„He“, fragte ihr Gast mit ungehaltener Stimme, “was ist los? Wieso sagst du nichts? Freust du dich nicht, mich zu sehen?“

Doch Christine schaute ihn nur unverwandt an, ohne ein Wort zu sagen. Langsam erhob sich Klaus, holte ein langes Messer aus der Innentasche seiner Jacke und ging langsam auf die junge Frau zu: „Hast du vergessen, wie viel Spaß wir damals hatten?“, fragte er mit seinem schiefen Grinsen, das Christine so sehr verabscheute. Sie zog sich noch tiefer in ihren Sessel zurück, so als könnte sie ihm dadurch entkommen.

Als er direkt vor ihr stand, beugte er sich zu ihr herab und fuhr sanft mit der Messerspitze an ihrem Hals entlang. Christine stockte fast der Atem. Nie würde sie die Nacht vergessen, als sie vor ihm geflohen war. Nur im Nachthemd und ohne Schuhe. Sie war nur noch gerannt und gerannt. Nur weg von diesem Psychopathen. Nie würde sie vergessen, wie er ihr zuvor mit einem Messer – genauso eines wie jetzt das in seiner Hand – viele kleine Wunden an Armen und Beinen zugefügt hatte. Wie sie – festgebunden an Händen und Füßen – diesem Mann mit dem irren Blick hilflos ausgeliefert war. Und wie sie sich, als er kurz das Bad aufsuchte, von den Fesseln befreit hatte und einfach losgelaufen war. Bei der Erinnerung an jene Nacht wurde ihr speiübel.

„Jaaa – so ist es gut“, hörte sie Klaus süffisant bemerken, „du erinnerst dich. Wie gut. Dann können wir jetzt da weitermachen, wo wir damals aufgehört haben.“

Mit einem ohrenbetäubenden Knall zersprang die große Wohnzimmerscheibe, als ein Polizist in voller Einsatzmontur, mit Helm und schusssicherer Weste, mitten im Raum landete. Seine Waffe auf Klaus gerichtet schrie er: „Auf den Boden!“

Als dieser nicht sofort reagierte, brüllte er: „Los! Runter! Aber schnell!“

Nun erst reagierte Klaus und legte sich völlig verdattert auf den Boden.

Durch die eingetretene Haustür betraten weitere Polizisten in Einsatzmontur und drei Männer in Zivil das Wohnzimmer. Einer von ihnen lief auf Christine zu, umarmte sie und sagte mit großer Erleichterung: „Gott sei Dank! Dir ist nichts passiert.“

Während einer der Einsatzkräfte dem am Boden Liegenden die Handschellen anlegte, flüsterte Christine: „Danke Michael, dass du gekommen bist!“

„Als ich am Handy mitbekam, dass bei dir etwas Fundamentales nicht stimmte, habe ich sofort Alarm geschlagen. Du hattest mir ja von Klaus erzählt und ich vermutete, dass er dich aufgespürt hatte. Auf meinen Anruf bei der Polizei hat sich sofort die Einsatztruppe aus Leverkusen in Bewegung gesetzt. Den Rest kennst du.“

Als Klaus abgeführt wurde, rief er wütend: „Einen Nikolaus Friedrich Graf von Watzler verlässt man nicht! Mich hat noch nie eine Frau verlassen!“ Drohend fügte er hinzu: „Christine! Das wirst du noch bereuen!“

Der Ältere der beiden anderen in Zivil gekleideten Herren meldete sich zu Wort: „Machen Sie sich keine Sorgen. Der kommt so schnell nicht mehr aus dem Gefängnis – oder der geschlossenen Psychiatrie.“ Nach kurzer Überlegung fügte er hinzu: „Wir werden einen Streifenwagen vor dem Haus postieren, bis Scheibe und Tür repariert sind.“

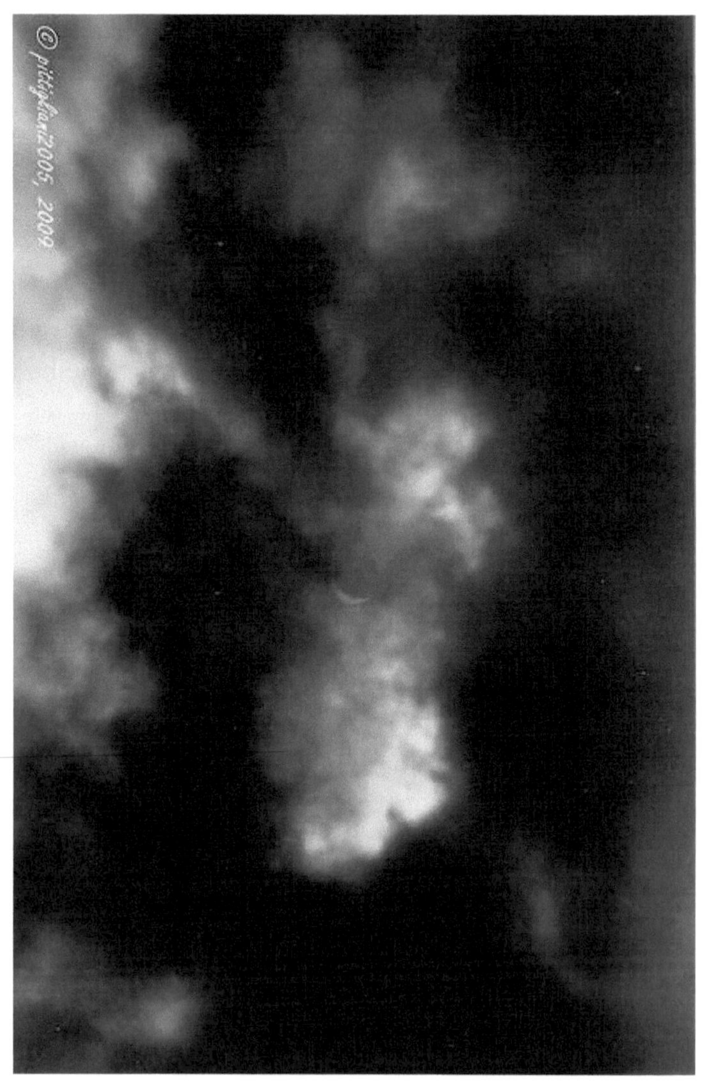

Nachtschatten

Mit einem Ruck fuhr Lisa aus dem Schlaf hoch. Sie lauschte in die Stille, und obwohl sie nicht hätte sagen können, was sie geweckt hatte, brach ihr plötzlich der Schweiß aus.

"Lisa?"

Die Stimme ließ sie herumfahren.

Im Dämmerlicht, das durch die halb heruntergelassenen Jalousien fiel, erkannte Lisa einen Mann in der Ecke ihres Schlafzimmers.

"Johannes!", entfuhr es ihr. "Was machst du hier?"

„Pssst", erwiderte Johannes mit gepresster Stimme und fügte ängstlich hinzu, „Sei leise!" Mit einem Sprung war Lisa aus dem Bett und schlüpfte hastig in ihre hübschen Pantoffeln. Sie war nun hellwach und äußerst beunruhigt: „Was machst du hier?", wiederholte sie entgeistert.

Erneut mahnte Johannes sie: „Pssst. Sei doch bitte leise! – Sonst sind gleich alle Hausbewohner auf den Beinen."

Zielstrebig ging Lisa auf den Lichtschalter neben der Tür zu, doch bevor sie ihn betätigen konnte, war Johannes an ihrer Seite und hielt ihren Arm fest: „Bitte Lisa – nicht! Es könnte sein, dass sie mir auf den Fersen sind und schon vor dem Haus lauern."

„Wie bitte?", reagierte Lisa erschrocken, „Lass mich die Jalousien schließen, dann kann uns niemand sehen." Sie schloss vorsichtig und leise die Fenster, ließ die

Jalousien herab und knipste die kleine Bettlampe an, die das Zimmer in ein warmes, gedämpftes Licht tauchte. Sie drehte sich um und erschrak: „Wie siehst du aus? Mein Gott! Johannes! Was ist passiert?“

Nie zuvor hatte Lisa ihren Bruder in einem solch erbärmlichen Zustand gesehen. Seine dunklen Haare klebten völlig verschmutzt und nass am Kopf, seine dunkle Kleidung war mit Rissen und Löchern übersät, ja fast zerfetzt, sein Gesicht war kalkweiß und in seinen Augen spiegelte sich blankes Entsetzen. Lisa zog den kleinen Sessel aus der Ecke und drückte ihren Bruder behutsam hinein. „Nun sag schon. Was ist passiert?“, drängte sie ihn.

„Ach Lisa“, flüsterte Johannes ein wenig atemlos, „Du kannst dir nicht vorstellen, durch welche Hölle ich gerade getrieben wurde. Stell dir vor – ich fahre mit meinem Fahrrad ganz friedlich durch das kleine Wäldchen am Fluss entlang – du weißt, das auf der anderen Seite, hinter der Holzbrücke.“

Lisa fragte leise zurück: „Du meinst das Wäldchen, in dem wir schon als Kinder gespielt haben?“

Heftig nickend bestätigte er: „Genau das.“

Verwirrt fragte sie fast flüsternd: „Aber – was machst du denn um diese Zeit im Wäldchen? Es ist doch weit nach Mitternacht.“

Johannes senkte den Kopf und begann, gedämpft zu berichten: „Ich hatte einen schrecklichen Streit mit Jana und bin abgehauen. Ich setzte mich auf mein Rad und wollte mich nur abreagieren.“

Lisa erhob sich und zog ihren Bruder in das angrenzende, fensterlose Badezimmer. Sie schloss leise die Tür und sagte: „Ich bin dieses Flüstern leid. Hier hört uns keiner – also können wir ganz normal miteinander reden.“ Sie sah ihn an und fügte hinzu: „Außerdem kannst du dich hier ein wenig restaurieren.“

Sie reichte ihm Waschlappen, Seife und Handtuch, setzte sich auf den Toilettendeckel und forderte ihn auf: „Du kannst mir dabei erzählen, was im Wäldchen passiert ist.“

Johannes sah seine Schwester liebevoll und erleichtert an, begann, sich zu reinigen und berichtete äußerst kurzatmig weiter: „Kurz bevor ich den Spielplatz Richtung Dorfstraße erreichte, standen plötzlich vier oder fünf Jungs mitten auf dem Weg und rissen mich vom Rad.“

Lisa unterbrach ihn: „Was für Jungs?“

Er wischte sich das Gesicht mit dem Handtuch ab, holte keuchend Luft und fuhr fort: „Na diese schweren Jungs von der Drachenbande.“

Nun erbleichte auch Lisa und meinte entsetzt: „Oh nein! Ich dachte, die sind weg. Ich habe doch gehört, dass die in Norddorf ein neues Zentrum eröffnet haben. Was machen die hier?“

Johannes schüttelte den Kopf: „Ich weiß es nicht Lisa. Die haben mich furchtbar verprügelt. Während sie über mich herfielen, haben sie sich gegenseitig angestachelt. Sie murmelten immer wieder ziemlich wütend ‚der darf nicht reden’ – dabei weiß ich nicht einmal, worüber ich nicht reden darf.“ Er zog ächzend seinen löcherigen Pullover aus, um sich mit kaltem Wasser zu erfrischen, als Lisa das Blutgetränkte Unterhemd sah. „Johannes! Du blutest ja.“ Sie sprang alarmiert auf, um zu sehen, wo das Blut herkam. Nach einer kurzen Inspektion entdeckte sie die klaffende Wunde auf der rechten Seite unterhalb der Brust, knapp oberhalb der Taille. „Du musst sofort ins Krankenhaus!“, rief sie erschrocken.

Doch Johannes wehrte ab: „Lisa du bist doch Krankenschwester. Kannst du mich nicht verbinden?“

Heftig schüttelte sie den Kopf und entgegnete energisch: „Eben weil ich Krankenschwester bin, sage ich dir – du kannst innere Verletzungen haben. Also – ich rufe jetzt einen Krankenwagen und du, mein Lieber, gehorchst deiner älteren Schwester.“

Noch einmal versuchte Johannes, sie von ihrem Vorhaben abzubringen: „Aber dann werde ich gefragt, wie das passiert ist.“

Ihre Augen sprühten vor Entrüstung, als sie erwiderte: „Na und? Dann wird dieser Bande vielleicht endlich das Handwerk gelegt.“

Die beiden erstarrten, als die Türglocke klingelte. Lisa legte ihren ausgestreckten rechten Zeigefinger über die Lippen, drückte Johannes auf den Wannenrand und schloss die Badezimmertür hinter sich. Sie schlich zum Fenster, zog die Jalousie hoch, öffnete das Fenster und schaute hinaus. Leise rief sie in die Nacht: „Hallo?“

Zwei uniformierte Polizisten traten einen Schritt von der Haustür zurück, schauten an der Fassade hoch und fragten: „Sind Sie Lisa Kollmer?“ Nachdem Lisa bejahte, baten Sie um Einlass. Sie drückte den Türöffner, ließ ihre Sicherheitskette in die Vorrichtung an der Wohnungstür einrasten und öffnete sie einen Spalt breit. Als die Uniformierten ihre Wohnungstür erreichten, fragte sie: „Was kann ich um diese Zeit für Sie tun?“

Der ältere Beamte sprach zuerst: „Wir suchen Ihren Bruder. Ist er bei Ihnen?“

Bevor Lisa auf die Frage einging, fragte sie nach den Dienstausweisen, die ihr bereitwillig übergeben wurden. Sie fragte: „Haben Sie Einwände, wenn ich auf dem Revier anrufe, um mir die Echtheit der Ausweise bestätigen zu lassen?“ Die Beamten schüttelten ihre Köpfe und Lisa schloss die Tür. Der Anruf bei der Wache bestätigte die Echtheit der Ausweise und Lisa bat die Beamten, einzutreten.

“Worum geht es, bitte?“, fragte Lisa, nachdem die Herren Platz genommen hatten. Der jüngere Beamte erläuterte: „Wir haben soeben fünf Mitglieder der Drachenbande verhaftet. Im Krokuswäldchen hinter der Brücke wurde das Fahrrad Ihres Bruders gefunden – es ist ja Gott sei Dank registriert. Außerdem haben wir Blutspuren entdeckt. Die Frau Ihres Bruders konnte uns nicht sagen, wo ihr Mann sich aufhält – meinte aber, dass Sie etwas wissen könnten. Nun – ist Ihr Bruder bei Ihnen?“

Lisa stand auf, nickte und öffnete die Badezimmertür. Ihr leiser Schrei ließ die Polizisten herbeieilen. Johannes lag bewusstlos auf dem Boden, neben ihm kniete seine Schwester, die ihn mit geübten Händen untersuchte. „Schnell“, rief sie mit drängender und aufgeregter Stimme, „Schnell! Rufen Sie einen Krankenwagen!“ Eilig griff sie nach dem Verbandszeug aus dem Erste-Hilfe-Kasten und legte einen Druckverband an, um weiteren Blutverlust zu verhindern. Sie hörte, wie sich binnen weniger Minuten das Martinshorn des Krankenwagens näherte. Der Notarzt leitete den umgehenden Transport ins Kreiskrankenhaus ein und Lisa fuhr mit ihrem Kleinwagen hinterher. Die Polizisten folgten, ebenfalls mit Blaulicht, um die junge Frau im Hospital nach den Geschehnissen der Nacht zu befragen. Erst nachdem Lisa ihren Bruder in den professionellen Händen des Nachtarztes wusste, wendete sie sich erneut den Beamten zu und fasste zusammen, was Johannes ihr geschildert hatte. „Leider“, beendete sie ihren Bericht, „hat er mir nicht zu Ende erzählen können, was weiter passiert ist. Können Sie mir denn nichts sagen?“

Die Polizisten schüttelten zeitgleich den Kopf: „Tut uns leid Frau Kollmer, aber wir führen Ermittlungen durch. Im Augenblick sind wir auf Ihre Aussagen angewiesen.“ Nach kurzem Zögern setzte der ältere Beamte hinzu: „Bitte geben Sie uns Bescheid, wie es Ihrem Bruder geht und wann wir ihn befragen können. Wenn es geht, noch heute Nacht.“ Nachdem Lisa zugestimmt hatte, verließen die Uniformierten das Krankenhaus.

Geduldig wartete sie nun auf den Notarzt, mit dem sie in ihrer letzten Nachtschicht zusammengearbeitet hatte. Es dauerte mehr als zwei Stunden, bis sich die

Tür öffnete und der Mediziner sich zu ihr setzte. Seufzend begann er: „Ihr Bruder, Schwester Lisa, hat unbeschreibliches Glück gehabt. Sein ganzer Körper ist mit Hämatomen übersät. Er hat viel Blut verloren, aber er wird wieder völlig gesund. Die Wunde an seiner rechten Körperseite ist sehr tief und hat die Leber angekratzt, aber das kriegen wir wieder hin. Viel gravierender ist seine beschädigte Lunge, denn er hat mehrere Rippen gebrochen und eine davon hat den rechten Lungenflügel erwischt. Wir haben ihn jetzt in ein künstliches Koma versetzt, damit die Behandlung besser verläuft und der Heilungsprozess beschleunigt wird. Er wird bald wieder soweit hergestellt sein, dass er uns erzählen kann, wer ihm das angetan hat."

Lisa, die dem Arzt aufmerksam und schweigend zugehört hatte, bedankte sich und fragte: „Darf ich ihn sehen? Ich würde gern persönlich seine Betreuung in die Hand nehmen."

Der junge Arzt nickte: „Ich habe nichts dagegen."

Lisa verabschiedete sich von ihrem schlafenden Bruder mit einem Kuss auf die Stirn, verließ das Hospital, fuhr zur Polizeiwache und informierte die Beamten vom Zustand ihres Bruders. Nachdem sie den Vernehmungsbericht unterschrieben hatte, suchte sie ihre Schwägerin auf. Völlig verschlafen öffnete Jana die Tür und bat Lisa herein. „Wo ist Johannes?", fragte sie gähnend, „Traut er sich nicht, mitzukommen?"

Lisa reagierte ärgerlich: „Johannes liegt schwer verletzt im Krankenhaus. Haben dich die Polizisten nicht informiert?"

Jana, nun hellwach, hielt die Hände vor das Gesicht und schrie fast: „Nein! Die haben mich offensichtlich vergessen. Was ist mit Johannes?“

Sie packte Lisa an den Schultern und rief: „Sag schon! Was ist mit ihm?“

Lisa befreite sich aus der Umklammerung, ließ sich erschöpft in den Sessel fallen und erzählte ihrer Schwägerin von den Geschehnissen der Nacht. Gemeinsam fuhren sie zurück ins Krankenhaus und blieben bis zum Morgengrauen an Johannes’ Bett sitzen. Lisa beantragte ihren Jahresurlaub und gemeinsam mit Jana betreute sie ihren Bruder bis zu dessen vollständiger Genesung.

Das kleine, blaue Etwas

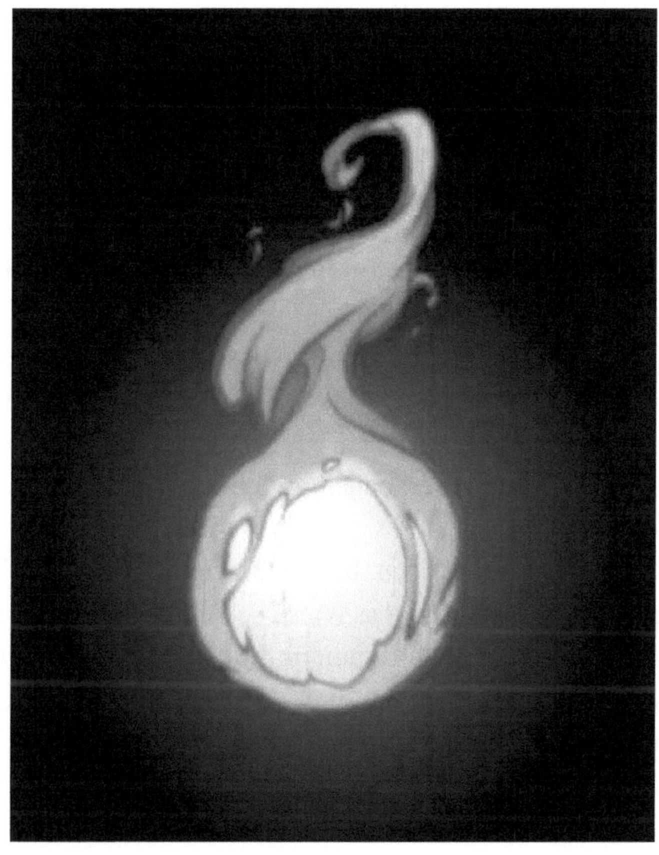

Das kleine, blaue Etwas

Die junge Frau hatte den Kragen ihres hellen Trenchcoats hoch geschlagen und schlenderte gemächlich den Wiesenhang bergauf. Sie trug eine hellbraune Kappe, deren breite Krempe das Gesicht vor dem Nieselregen nur unzulänglich schützte. Offensichtlich genoss sie die kühlen, winzig kleinen Tropfen auf ihrer Haut, denn sie hielt ihren Kopf hoch in grau verhangenen Oktoberhimmel.

Ihre gelben Gummistiefel hinterließen bei jedem Schritt ein schmatzendes Geräusch, als ächzte der regendurchtränkte Boden unter ihrem Körpergewicht.

Sie sah das kleine, blaue Etwas schon von weitem. Es sprang ihr regelrecht ins Auge. Zunächst schien sie verblüfft und blieb stehen, kniff die Augen zusammen um das Etwas zu erkennen. Doch sie konnte es nicht identifizieren.

Neugierig geworden, beschleunigte sie ihren Schritt, denn im satten Grün der Wiese schien dieses Etwas zu leuchten, ja – fast zu flimmern. Ein wenig atemlos hielt sie kurz an und sah sich um, doch sie fand sich allein auf der großen Wiese. Die vielen Spaziergänger, die sonst die Gegend bei Sonnenschein bevölkerten, waren lieber in ihrer warmen Stube geblieben und erfreuten sich am gemütlichen Kaminfeuer. Die junge Frau kam dem blauen Etwas immer näher und erkannte, dass es tatsächlich von innen heraus zu leuchten schien. Ihre Neugier wandelte sich nun in Verwunderung und sie spürte, wie ihr Herz zu hämmern begann. „Was mag dieses blaue Etwas wohl sein?“, dachte sie und schritt weiter auf den leuchtenden Fleck am Ende der Wiese zu. Alles um sie herum verlor an Bedeutung. Die Maulwurfhügel, die die Wiese wie ein unregelmäßiges Muster durchzogen, waren für sie ebenso unwichtig geworden, wie der starke Duft feuchter Erde, den sie stets so sehr liebte. Wie von einem Magneten angezogen, eilte sie auf das Ding zu.

Als sie die Stelle erreichte, an der das kleine, blaue Etwas lag, stand sie still und betrachtete das Objekt ihrer Neugier.

„Was in aller Welt ist das?“, fragte sie sich und betrachtete die leuchtende, flimmernde, blaue Kugel, die etwa der Größe eines Tennisballs entsprach. „Das sieht aus, wie eine Glaskugel“, dachte sie. Langsam ging sie in die Knie und wollte nach der Kugel greifen, doch die Hitze, die dieser runde Gegenstand ausstrahlte, ließ sie von ihrem Vorhaben schleunigst Abstand nehmen. Erschrocken sprang sie hoch und setzte unwillkürlich einen Schritt zurück. Dabei trat sie in eine kleine Vertiefung, glitt auf dem nassen Gras aus und fiel rückwärts in eine Mulde. Das Regenwasser, das sich dort gesammelt hatte spritzte in alle Himmelsrichtungen und die junge Frau war völlig durchnässt. Sie rappelte sich hoch und sah gerade noch, dass das Spritzwasser, das die Kugel überspült hatte, verdampfte.

Fassungslos kniete sie sich neben die Kugel und untersuchte mit ihren Augen den merkwürdigen Gegenstand. Doch außer der Tatsache, dass das runde Ding

Hitze ausstrahlte und ein fast überirdisches, tiefes, leuchtendes Indigoblau aus seinem Inneren pulsierte, konnte sie keine ungewöhnlichen Begleitumstände feststellen.

Ratlos und konsterniert setzte sie sich auf den nassen Boden. In ihrem Kopf schwirrten die merkwürdigsten Gedanken herum, während in ihrem Bauch die Gefühle Purzelbäume schlugen. „Da liegt ein blaues Etwas mitten auf einer Wiese“, dachte sie Kopf schüttelnd, „Es leuchtet, flimmert und pulsiert, strahlt Hitze aus und ich sitze daneben im Regen und frage mich – ticke ich noch ganz richtig?“

Die junge Frau wusste nicht, wie lange sie Gedankenverloren im nassen Gras gesessen hatte, als sie ein raschelndes Geräusch hinter sich hörte. Erschrocken sprang sie auf und drehte sich blitzschnell um.

Der kräftige, junge Mann blieb ebenfalls wie angewurzelt stehen und starrte auf die Frau im Trenchcoat. Keiner der beiden sprach ein Wort. Sekundenlang sahen sie sich in die Augen und bemühten sich, der Situation Herr zu werden. Der Mann trug ein weißes T-Shirt mit kurzen Ärmeln und eine dunkelblaue Jeans. Er war barfuß. Seine Augen hatten dieselbe Farbe, wie die Kugel im Gras. Vorsichtig fragte die junge Frau: „Wer sind Sie?“

Doch statt eine Antwort zu geben, lächelte der Fremde und ging auf sie zu. Unwillkürlich wich sie zurück und stolperte einige Schritte rückwärts. Der Unbekannte bückte sich, hob die Kugel auf und sah sie an: „Keine Angst junge, schöne Frau. Von mir haben

Sie nichts zu befürchten. Wir sind nur drei junge Wissenschaftler, die sich oben in der Berghütte mit ein paar Experimenten herumschlagen."

Auch wenn es sie irritierte, wie der junge Mann die Kugel, ohne sich zu verbrennen aufhob, fragte sie erleichtert und neugierig zugleich: „Mit welcher Art Experimenten beschäftigen Sie sich?"

Der Fremde lachte nun über das ganze Gesicht: „Mit der Erzeugung von Wärme."

Noch immer ein wenig unsicher erwiderte sie: „Nun – das scheint Ihnen gelungen zu sein." Nach kurzem Zögern fuhr sie wissbegierig fort: „Was ist das für ein Material und wieso sind Sie barfuß?"

Nun lachte er laut: „Viele Fragen auf einmal – meinen Sie nicht?"

Sie errötete und entgegnete: „Ja, vielleicht – aber – ich bin ebenfalls Wissenschaftlerin und so ein Ding habe ich noch nie zu Gesicht bekommen." Nach erneutem Zögern setzte sie hinzu: „Würden Sie mich an Ihren Experimenten teilhaben lassen?"

Verblüfft fragte er: „Haben Sie denn eine Ahnung, auf was Sie sich da einlassen?"

Belustigt antwortete sie: „Nein, aber ich habe heute keine weiteren Termine und das kleine, blaue Ding hat mich fast um den Verstand gebracht. Ich dachte schon an Außerirdische, an kleine, grüne Männchen und an die geschlossene Abteilung, in die ich möglicherweise eingewiesen werde, wenn ich von meinem Fund berichte."

Der gut aussehende, junge Mann dachte einen Moment nach und antwortete: „Gut. Ich weiß zwar nicht, wie meine Freunde reagieren werden, aber ich glaube, sie werden einverstanden sein, wenn ich ihnen von unserer Begegnung erzähle.“

Nebeneinander bestiegen sie nun den Berg, um zur Hütte zu gelangen, während er fragte: „Wie heißen Sie?“

Amüsiert reagierte sie: „Nun eigentlich sollten Sie sich zuerst vorstellen, junger Mann.“

Vergnügt antwortete er: „Entschuldigung. Ich werde Andreas genannt.“

Sie reichte ihm ihre Hand und erwiderte: „Ich heiße Dora.“

Die beiden unterhielten sich angeregt, bis sie die Hütte erreichten, von der Dora zwar schon viel gehört, die sie aber noch nie gesehen hatte.

Galant hielt Andreas ihr die Türe auf, um sie eintreten zu lassen. Freundlich wurde sie von den Anwesenden begrüßt, die alle in T-Shirt, blauer Jeans und barfuß emsig beschäftigt waren. Dora bemerkte nicht, wie es draußen zu dämmern begann, denn die Wissenschaftler erläuterten ihr genau, welche Experimente sie gerade vorbereiteten.

Die Erklärungen, die sie hörte, erstaunten sie. „Ich wusste gar nicht, dass die Wissenschaft sich mit solchen Experimenten beschäftigt“, wunderte sie sich, „Was sind Polyatheminate? Und wie können Quarks gebündelt werden und ihre Kerne verschmelzen?“

Als sie in die ruhigen Gesichter der Anwesenden schaute, die sehr beharrlich schwiegen, spürte sie plötzlich eine ungeheure Beklemmung in sich aufsteigen. Alarmiert wollte sie aus der Hütte flüchten, doch die Tür war zugesperrt.

Zu spät erkannte Dora, dass die Wesen in der Hütte nicht menschlicher Natur waren. Andreas, oder wie auch immer sein Name sein mochte, sah sie an und erklärte: „Wir sind eine friedliche Rasse aus dem Sternbild, das ihr Lyra nennt. Wir wissen um euer Problem der Energiegewinnung. Wir sind tatsächlich Wissenschaftler, die euch Menschen unterstützen wollen, neue Energieformen zu entdecken, die eure Lebensbasis, eure Umwelt schonen. Leider können wir dich jetzt nicht mehr gehen lassen. Erst wenn unsere Experimente in eurer Atmosphäre geglückt sind, ist ein Missbrauch dieser ungeheuren Kräfte ausgeschlossen. Eure Rasse tendiert nun einmal dazu, sich gegenseitig auszurotten. Sei gewiss – wenn unsere Experimente sich als ungefährlich für euch herausstellen, wirst du zurückkehren und den Menschen zeigen, wie sie ohne Gewalt und Krieg die unendliche Quelle der Energien anzapfen können".

Leichenblass geworden fragte Dora langsam und gedehnt: „Und wenn eure Experimente misslingen?"

Schwarz + Weiß + Rot = tot

Schwarz + Weiß + Rot = tot!

Anne Weller kniete neben der sehr jungen, sehr schönen, sehr schlanken, aber leider auch toten Frau, die in ihrem weißen Abendkleid einen grausigen Kontrast zum satten Grün der Wiese bildete. Der leuchtend rote Lippenstift der Toten war verschmiert und hatte deutliche Spuren am Kleid hinterlassen. Sowohl Spurensicherung als auch Gerichtsmediziner hatten ihre Arbeit am Tatort bereits beendet. „Wer hat die Tote gefunden?“, fragte die etwas zur Körperfülle neigende Kommissarin, die an diesem nebelig, trüben Samstag aus Aachen angereist war.

Polizeiobermeister Norbert Hüsgens von der Polizeistation Heimbach antwortete prompt: „Klaus Lärcher, der Sohn vom Tannenhofbauern in Scheidbaum, fand sie vor etwa 3 Stunden, also so gegen acht Uhr heute Morgen.“

„Was sagt der Gerichtsmediziner?“, stellte Anne Weller die nächste präzise Frage.

Der Polizeibeamte kratzte sich am Kopf und antwortete gedehnt: „Na ja – so wie ich ihn verstanden habe – ist sie zwischen 21 Uhr gestern Abend und 2 Uhr heute Morgen gestorben.“

Anne Weller erhob sich mit einem Ächzen, hielt die rechte Hand an ihren schmerzenden Rücken und fragte unwirsch: „Muss man Ihnen denn jedes Worte einzeln aus der Nase ziehen? Oder können Sie Informationen auch freiwillig herausrücken?“

Wieder kratzte sich Norbert Hüsgens verlegen am Kopf und schaute ein wenig betreten auf den Boden. Er räusperte sich und erwiderte entschuldigend: „Ich weiß ja nicht so genau, was Sie wissen wollen."

„Oh je", seufzte Anne und drehte sich genervt um. ‚Jetzt weiß ich wieder, warum ich die neue Stelle in Aachen nicht mag', dachte sie. „Was ist mit Spuren?", fragte sie stattdessen laut.

Hüsgens zuckte mit den Schultern: „Die Herren der Spurensicherung meinten, dass sie nicht hier am Fundort gestorben ist, sondern nur hier abgelegt wurde."

Erneut kniete sich die Kommissarin neben die Tote und fragte: „Kennen Sie sie?"

Hüsgens schüttelte den Kopf. „Nein. Und ich kenne keinen in Scheidbaum, der so etwas tun könnte."

Nun bemerkte die Kommissarin den winzig kleinen Fetzen Papier in der Hand der Toten, den sie mit ihren Latexbehandschuhten Händen mittels Pinzette entnahm und in eine kleine Tüte bugsierte. *Wie konnten die Kollegen das nur übersehen?*, dachte sie.

Das chice, ärmellose, reinweiße Abendkleid harmonierte farblich ausgezeichnet mit den langen, tiefschwarzen Haaren der Toten. *Ob die wohl gefärbt sind?* fragte Anne sich und gestand sich ihr leises Gefühl von Neid widerwillig ein.

Erneut erhob sie sich ächzend mit schmerzverzerrtem Gesicht und wies die wartenden Beamten an, die junge Frau in die Gerichtsmedizin nach Aachen zu überführen.

Sie wendete sich erneut an Norbert Hüsgens. „Bitte Herr Kollege, recherchieren Sie, ob der Starenkasten am Ortsein- und -ausgang von Schmidt und von Hasenfeld irgendwelche Aufnahmen gemacht hat.“ Sie zögerte einen Augenblick und fügte hinzu: „Und überprüfen Sie, wer gestern Abend in seinem Ferienhaus am Stachelberg zugegen war und welche Boote an den Anlegestellen des Rursees belegt waren.“

Hüsgens nickte und entfernte sich, um die gestellten Aufgaben gewissenhaft zu erfüllen.

Anne Weller fuhr langsam und bedächtig zurück nach Aachen. Sie genoss die landschaftlich reizvolle Fahrt, auch, wenn der Herbstnebel die Umgebung fast wie in schmutziggraue Watte gepackt hatte. Ihre Gedanken kreisten um die junge Frau, die viel zu früh ihr Lebensende erreicht hatte. *Was für eine Verschwendung*, dachte sie bedauernd.

Am Dienstag lagen ihr sowohl der Bericht der Gerichtsmedizin, als auch die gewünschten Informationen von Norbert Hüsgens vor. Der kleine Papierfetzen war als Schnipsel einer Quittung des Aachener Casinos erkannt worden und es war den Kollegen sichtlich peinlich, ein solch wichtiges Indiz übersehen zu haben.

Das passt, dachte Anne. *Nur... wie ist sie nach Scheidbaum gekommen?* Sie griff zum medizinischen Bericht und las, dass als Todesursache eine Überdosis eines Rauschgiftcocktails festgestellt wurde. Zudem hatte sich die Frau vor ihrem Tod noch mit drei verschiedenen Männern amüsiert – wie der DNA-Test bewies. Äußere Verletzungen lagen nicht vor. Außerdem hatte die junge Frau etwa 2 ½ Stunden vor ihrem Tod ein exquisites Abendessen zu sich genommen: Hummer, Rehrücken, Kroketten, Apfelrotkohl und jede Menge Champagner.

Der penible Bericht von Hüsgens zeigte, dass weder bei den Ferienhäusern, noch bei den Anlegestellen ungewöhnliche Beobachtungen gemacht wurden.

Die Tote konnte schließlich anhand von aktuellen Vermisstenanzeigen als die 22-jährige Sabrina Salzmann aus Dedenborn identifiziert werden.

Die Befragung der Eltern und Freunde ergab, dass Sabrina, eine lebenslustige junge Frau, die als Chefsekretärin in Aachen arbeitete, jeden Freitagabend ins Spielcasino ging. Die Familie war erst vor wenigen Monaten von Daun nach Dedenborn gezogen, damit sowohl die reizvolle Landschaft der Eifel weiterhin das private Umfeld bestimmte, als auch die Nähe zu Sabrinas neuem Arbeitsplatz gegeben war. Deshalb gab es auch noch keinen großen Bekanntenkreis, in dem ein möglicher Täter hätte gefunden werden können.

Die Nachforschungen im Casino ergaben, dass die Tote auch am letzten Freitag bis ca. 21 Uhr 30 dort war.

Nun passt auch das gute Essen ins Bild, denn das Casinorestaurant ist für seine gute Küche bekannt, dachte Anne seufzend. Das Personal dort bestätigte, dass die junge Frau mit drei jungen Männern zu Abend gegessen und um etwa 23 Uhr das Lokal in Begleitung der Herren verlassen hatte.

Die Phantomzeichnungen, aus den Beschreibungen des Personals entstanden, wurden in der Umgebung von

Heimbach, Simmerath, Nideggen und Schleiden verteilt, sowie in den örtlichen Zeitungen veröffentlicht.

Prompt erreichte schon kurze Zeit später die Kommissarin der Anruf des Wirtes vom ‚Goldenen Fass' aus Einruhr, der sein Lokal am Rande des Obersees betrieb. Er berichtete aufgeregt, dass am Abend des besagten Freitags drei junge Männer, die den Phantombildern glichen, kurz nach Mitternacht noch ein Bier in seiner Kneipe tranken.

Weitere Recherchen der Ermittlerin führten sie schließlich auf die Spur zum Truppenübungsplatz Vogelsang. Ja, bestätigte der diensthabende Offizier, die Phantombilder zeigten drei junge Soldaten, die zum Zeitpunkt des Todes Urlaub hatten, jetzt aber befragt werden konnten.

Die Vernehmung dauerte nur eine gute Stunde, denn die drei jungen Männer gestanden, dass sie nach dem Verlassen des Casinos in der Lightshow-Bar den Champagner der jungen Frau unbemerkt mit Ecstasy Tropfen anreicherten, die dazu führen sollten, dass eine gemeinsam beschlossene, schöne Party ihren Höhepunkt fand. Dabei betonten sie immer wieder, dass dieser Höhepunkt von der jungen Frau befürwortet worden war. Was die drei jungen Männer allerdings nicht wussten: Sabrina hatte an diesem Abend bereits reichliche Mengen Kokain zu sich genommen, so dass die Tropfen zu der tödlichen Überdosis führten. Die von den dreien gewünschte Party fand im Auto einer der Beteiligten tatsächlich seinen Höhepunkt auf dem Parkplatz am Wildpark im Schmidter Wald. Alle vier, berichteten die jungen Männer, hätten ihren Spaß gehabt. Kurz nachdem sie sich auf den Heimweg nach Dedenborn begeben hatten, wo man Sabrina am Elternhaus absetzen wollte, fing die junge Frau an zu röcheln und zu keuchen. Wenige Augenblicke später habe sie aufgehört zu atmen. In Panik habe man die Frau aus dem Auto geworfen und sei nach Einruhr gefahren, um den Schock zu überwinden.

„Nun“, sagte Anne Weller ruhig und erleichtert, „Der Hergang des Abends ist damit rekonstruiert. Ich verhafte Sie hiermit vorläufig. Den Rest soll Ihnen der Staatsanwalt erklären.“

Nun konnte die Kommissarin endlich den längst überfälligen Arztbesuch in Angriff nehmen, denn ihr Hexenschuss war kein bisschen besser geworden und verlangte dringend nach medizinischer Behandlung.

Auf der anderen Seite

Auf der anderen Seite

Der jungfräuliche Morgen war kühl. Die Luft wie prickelnder, perlender Wein – klar, rein und anregend. Jaroda sog die frische Luft tief bis in die äußersten Winkel ihrer Lungen ein und beobachtete, wie sich die Dämmerung mehr und mehr verabschiedete, um den neuen Tag mit strahlendem Sonnenschein zu begrüßen. Schon bald würde die Hitze des Tages das Regiment übernehmen und die Bewohner des kleinen Städtchens am großen Fluss in ihre Häuser treiben.

Jaroda seufzte und eilte durch die menschenleeren Gassen auf dem Weg zum Hause der Kelor Familie. Sie wusste, dass die Familie auf ihre Ankunft wartete, denn Silaya, die älteste Tochter, erwartete ihr erstes Kind, das heute geboren werden sollte. Jaroda zog ihr wollenes Tuch enger um die Schultern und erschauerte – nicht nur wegen der frischen Morgenluft. Als Hebamme ahnte sie, dass Silaya eine schwere Geburt vor sich haben würde, denn das Ungeborene wollte sich im Mutterleib einfach nicht mit dem Kopf nach unten drehen.

Seit Tagen schon konnte sie die Wehen der werdenden Mutter beobachten und die Schmerzen der Gebärenden nur noch mit starken Kräutern mildern. Die erfahrene Frau erreichte das Haus und betätigte den Klopfer aus Messing. Die schwere hölzerne Tür wurde umgehend geöffnet und der Diener forderte sie auf, rasch einzutreten. Jaroda hörte bereits das Stöhnen der jungen Frau, die unter großen Schmerzen zu leiden schien. Eilig betrat sie den abgedunkelten Raum, in dem Silaya sich im Bett hin und her wälzte. Jaroda erfasste mit einem Blick die Situation: die junge Frau musste erlöst werden. Mit schweißglänzendem Gesicht und hervorquellenden Augäpfeln warf sich Silaya auf dem Linnen herum und wimmerte mit flehendem Blick um Hilfe. „Bleib ganz ruhig mein Kind!“, versuchte Jaroda mit beruhigender Stimme auf die Gebärende einzuwirken. Ein schriller, durchdringender Schrei durchpeitschte das ansonsten totenstille Haus und Jaroda beugte sich zu der jungen Frau. „Silaya! Hör mich an!“, sagte sie eindringlich, „du musst jetzt ganz tief durchatmen – hörst du?“ Doch die Angesprochene reagierte nicht auf Jarodas Worte, sondern stöhnte aus den tiefsten Tiefen ihrer Seele. Die grauhaarige Hebamme tastete den gewölbten, harten Leib der blonden, jungen Frau mit geübten Händen ab und erkannte sofort, dass die Geburt unmittelbar bevorstand. Wie angeordnet, standen heißes Wasser und saubere Tücher bereit und Jaroda rief nach der Kammerzofe Kassara, die wenige Augenblicke später erschien. Die Hebamme wies sie an, den Oberkörper der Gebärenden zu stützen, damit die Presswehen, die eingesetzt hatten, sowohl Mutter, als auch Kind, entlasteten. Jaroda presste mit der rechten Hand mit aller Kraft auf den oberen Teil des gewölbten Leibes, damit das Kind in seinen Bemühungen, das Licht der Welt zu erblicken, Unterstützung erfahren sollte. Mit der anderen Hand versuchte Jaroda, das Ungeborene noch zu einer Drehung zu bewegen, damit der

Geburtsvorgang so schnell, wie möglich sein Ende fand. Doch das Kind kam mit dem Steiß zuerst durch den Geburtskanal und die werdende Mutter verlor kurz vor dem Erscheinen ihres Kindes das Bewusstsein.

Der ein wenig blau schimmernde, neugeborene Knabe musste von den Geburtswassern in der Nase befreit werden, bevor ein erstes, leises Wimmern von ihm zu hören war. Jaroda atmete erleichtert auf, als sie erkannte, dass das Kind lebte. Sie versorgte es jedoch nur notdürftig zwischen den Beinen der jungen Frau, denn diese bedurfte der dringenderen Aufmerksamkeit. Durch Riechsalz und streng duftende Kräutern, die sie der jungen Mutter aus kleinen Phiolen unter der Nase hin und her führte, erwachte Silaya und stöhnte. Jaroda sah, dass die Blutung nicht aufhörte und wartete auf die Nachgeburt. Erneut presste sie den rechten Arm auf den Leib, doch sie spürte keine Veränderung. Wieder peitschte Silayas Schrei durch das Haus und Jaroda träufelte ihr ein paar Tropen einer Kräutermischung auf die Zunge. Die junge Frau warf sich erneut auf dem Bett herum. Jaroda nabelte den Neugeborenen mit geschickter Hand ab und versorgte ihn, ohne Silaya aus den Augen zu lassen. Sie wickelte ihn in eines der frischen Tücher und überreichte ihn Kassara, die ihn in ein wärmendes Wolltuch einhüllte.

Jaroda half Silaya, sich ein wenig aufzurichten, um die Nachgeburt auszupressen, doch zu ihrer großen Überraschung beobachtete sie, dass sich ein weiteres Köpfchen zeigte, das ebenfalls geboren werden wollte. Das zweite Kind schob sich nun ganz aus dem Mutterleib und Jaroda versorgte das kleine Mädchen mit der gleichen Sorgfalt, mit der auch der Knabe bedacht worden war. Das Kleine wimmerte nur leise und Jaroda massierte seine kleinen Ärmchen und Beinchen, damit sein Kreislauf angeregt wurde. Auch sie musste zwischen den Beinen der Mutter warten, bis Jaroda die Nabelschnur durchtrennen konnte. Kassara, die mit großen Augen die zweite Ankunft beobachtet hatte, kümmerte sich nun auch um das Mädchen und die Hebamme widmete sich ganz der jungen Silaya.

Nach wenigen Minuten konnte sie die Nachgeburt in Augenschein nehmen und nickte zufrieden bei dem Anblick. Sie öffnete ihren kleinen Koffer und entnahm ihm eine kleine, braune Flasche. Die Mixtur, die sie selbst zusammengestellt hatte, betäubte den Schmerz der jungen Frau, ohne ihr das Bewusstsein zu nehmen. Gleichzeitig bewirkte es, die Blutung zu verringern, so dass die Chancen des Überlebens dieser Gebärenden stiegen. Silaya entspannte sich und Jaroda behandelte die tiefen Hautrisse zwischen den Beinen mit einer Heiltinktur aus Kamillenblüten. Mittlerweile schrien die beiden Säuglinge und Jaroda entließ die Zofe, damit die Familie über den Ausgang der Geburten informiert werden konnte.

Die Hebamme legte die Neugeborenen in eine Wiege und deckte sie zu, denn die Winzigkeit, besonders des Mädchens, besorgte sie ein wenig. Jaroda reinigte Silaya und betupfte ihr die Stirn mit kühlem Wasser. Die junge Frau sah Jaroda an und flüsterte: „Ist es gesund?“ Die Hebamme ergriff ihre Hand und erwiderte beruhigend: „Du hast zwei Kindern das Leben geschenkt, Silaya. Du hast großes Glück gehabt und solltest dem Herrgott für seine Gnade danken.“ Trotz ihrer großen Müdigkeit fragte Silaya verwundert: „Zwei?“ Jaroda nickte: „Ja mein Kind. Du hast einem Knaben und einem Mädchen das Leben geschenkt“. Ermattet lächelte Silaya nun: „Sind beide wirklich gesund?“ Die Hebamme nahm den Knaben auf und legte ihn in Silayas Arm: „Schau selbst!“ Die junge Mutter sah ihren Erstgeborenen liebevoll an und erwiderte leise: „Ja, er ist gesund“. Nach einer kurzen Pause fragte sie ein wenig beunruhigt: „Und was ist mit dem Zweiten?“ Jaroda zögerte kurz: „Das Mädchen ist noch sehr klein. Es muss unter der warmen Decke bleiben, denn es braucht die Wärme ganz dringend. Doch ich versichere dir, dass es gesund ist“. Erneut zögerte sie: „Allerdings – es hat eine kleine Stelle auf der Stirn“. Silaya fragte aufgeregt: „Was ist mit seiner Stirn?“ Doch Jaroda beruhigte sie: „Bleib ganz ruhig, mein Kind. Du brauchst dich wirklich nicht aufzuregen. Das Mädchen ist gesund, es hat eine kleine rote Stelle auf der Stirn. Du weißt, dass es ein Zeichen ist, nicht wahr?“ Als Silaya nickte, fuhr sie fort: „Dieses Mädchen ist gesegnet. Ihm steht eine ganz besondere Aufgabe in seinem Leben bevor. Du kannst sicher sein, wenn es überlebt – denn es ist wirklich sehr, sehr klein – dann wird es ein ganz besonderes Menschenkind.“

Silaya ließ sich ermattet in ihr Kissen zurücksinken: „Ich nenne sie Gaiala, denn sie soll der Mutter Erde dienen.“ Jaroda nickte: „Das ist ein sehr treffender Name. Und wie möchtest du, dass dein Sohn gerufen wird?“ Nach kurzem Nachdenken erwiderte Silaya: „Ich möchte, dass er Regos genannt wird, denn es ist ein Sonnentag, der dem ägyptischen Gott Re seine Ehre erweist.“ Wieder nickte die Hebamme und stimmte zu: „Auch dies ist eine gute Wahl. Ich werde deiner Familie deine Namensbestimmungen mitteilen, damit sie in die Namensrolle eingetragen werden können.“ Silaya lächelte schwach: „Ja, bitte sorge dafür.“ Jaroda sah, dass die junge Frau völlig ermüdet nach Ruhe dürstete. Sie nahm den Neugeborenen, legte ihn zurück in die Wiege und deckte Silaya sorgfältig zu, bevor sie mit der Wiege das Zimmer verließ.

Vor dem Schlafgemach wartete Silayas Gatte ungeduldig auf die Hebamme. „Nun Jaroda? Wie geht es meinem Sohn?“ fragte der große, blonde Mann nervös. Die Hebamme lächelte und erwiderte: „Deinem Sohn geht es gut Potem“. Nach kurzem Zögern fuhr sie ernst fort: „Deiner Frau und deiner Tochter geht es nicht so gut. Ich weiß nicht, ob Silaya die schwere Geburt überleben wird und deine Tochter ist sehr klein. Ob sie überlebt, kann ich dir auch nicht sagen.“ Als hätte er die Worte der grauhaarigen Frau nicht gehört fragte er weiter: „Welchen Namen hat Silaya für meinen Sohn bestimmt?“ Die Hebamme seufzte: „Sie wünscht, dass er Regos gerufen wird.“ Jaroda hütete sich, dem Mann Fragen zu stellen, doch sie hatte nie verstanden, warum Männer stets so erpicht auf männliche Nachkommen waren. Erneut mahnte sie vorsichtig: „Du solltest dich um eine gute Pflegerin für Silaya kümmern, denn sie braucht jetzt sehr viel Aufmerksamkeit und gute Heilmittel." Brüskiert und ein wenig verärgert reagierte Potem: „Kannst du das nicht übernehmen?" „Ja das könnte ich", entgegnete Jaroda ruhig, „doch bitte ich um Verständnis, dass ich dafür eine höhere Entlohnung verlangen muss, denn der bisher vereinbarte Betrag war nur für die Geburt berechnet."

Potem lachte: „Was willst du dafür haben?"

„Nun", antwortete sie bedächtig, „erstens wünsche ich für jeden Tag eine Silber- und drei Kupfermünzen. Zweitens benötige ich eine Amme für die Kinder, denn Silaya ist noch zu schwach, um die Kinder zu säugen. Drittens brauche ich einen Raum, der die Wärme des Tages aufnimmt und ohne Zugluft gut gelüftet werden kann."

Unwirsch erwiderte der hoch gewachsene Mann: „Tu, was nötig ist." Kassara betrat den Raum und hörte gerade noch, wie Potem den verlangten Preis für die Arbeit der Hebamme bestätigte. Beim Verlassen drehte sich der Mann noch einmal um und sagte beiläufig: „Ich gebe meiner Dienerschaft Order, dass deine Anweisungen befolgt werden." Damit schloss er die Tür hinter sich und die beiden Frauen sahen einander schweigend, aber wissend an.

Jaroda überlegte einen Augenblick und fragte die Zofe: „Gibt es im Haus einen Raum mit vielen Fenstern, die abgedunkelt werden können?" Kassara dachte kurz nach, als sich ihr Gesicht erhellte: „Ja", rief sie freudig aus, „am Ende des Westflügels gibt es einen kleinen Raum, der deinen Anforderungen entspricht. Er wird als Winterquartier für empfindliche Pflanzen genutzt und steht deshalb im Augenblick leer. Wenn er gut gereinigt wird, die großen Fenster mit Tüchern verhängt werden, sollte der Raum deinen Vorgaben genügen." Jaroda nickte zufrieden: „Sorge dafür, dass der Raum so schnell, wie möglich hergerichtet wird. Das Mädchen braucht unbedingt und sofort Wärme, sonst wird es nicht überleben." Kassara führte die Anweisung umgehend aus und innerhalb kurzer Zeit war der Lichtraum, wie er im Haus der Kelor Familie genannt wurde, bereit, die Säuglinge aufzunehmen. Jaroda gab Kassara genaue Anweisungen, wie die Kinder untergebracht, gepflegt und gefüttert werden mussten, damit sie gedeihen konnten. Sie selbst kümmerte sich um Silaya, deren Zustand sie als besorgniserregend einschätzte. Trotz der Tinkturen, Kräutermedizin und Salben, wollte die Blutung nicht aufhören. Die junge, blonde Frau verlor zunehmend an Kraft. Jaroda saß an ihrem Bett und hielt die Hand der schwachen Silaya. Nun war auch noch Fieber aufgetreten und die Hebamme befürchtete das Schlimmste. Die Luft im Raum war stickig und heiß. Jaroda öffnete das Fenster einen Spalt in der Hoffnung, dass frische Luft der jungen Frau Erleichterung bringen würde. Doch die brütende Hitze des Tages ließ eine solche Erleichterung nicht zu, so dass Jaroda erneut kalte Wadenwickel vorbereitete. Silaya, in einem Dämmerzustand zwischen Schlafen und Wachen, wälzte sich unruhig in ihrem Bett. Immer wieder murmelte sie den Namen ihrer kleinen Tochter, während Schweißperlen über ihr Gesicht rannen. Jaroda spürte die Nähe des Todes und rief nach Bediensteten, die frisches, kühles Wasser bringen sollten. Eine der jungen Zofen half ihr beim Wechsel der Wickel, so dass die Last nicht allein in den Händen der Hebamme lag. Sie musste sich auch um das Wohlbefinden der Neugeborenen kümmern. Deshalb eilte sie in das Lichtzimmer, um nach dem Rechten zu sehen. Als sie den Raum betrat, fand sie die Amme vor, die gerade den Jungen nährte. Das kleine Mädchen wimmerte leise in seiner Wiege und Jaroda fragte: „Ist sie nicht satt geworden?“ Die Amme wendete sich ihr zu und entgegnete verwundert: „Ich habe vom Herrn des Hauses Anweisung, zuerst den Stammhalter zu versorgen“. Jarodas Gesicht überzog sich mit einer tiefen Zornesröte: „Dann nimm jetzt zur Kenntnis, dass das Mädchen entweder zuerst gesäugt wird und der Junge anschließend – oder es wird eine zweite Amme gerufen, die für das Kind sorgt!“ Verwirrt über die ungewöhnliche Reaktion der Hebamme, die für ihre Ruhe und Gelassenheit geschätzt wurde, nickte die Amme, legte den Knaben in seine Wiege und hob das winzige Mädchen auf. Gierig zog das Kind sofort an der Brust der Amme, während nun der Knabe lauthals schrie.“

Jaroda instruierte die Bediensteten und eine zweite Amme erschien am späten Nachmittag, so dass die Nahrung beider Kinder gesichert war.

Jaroda eilte zurück an Silayas Bett, die noch immer in Schweiß gebadet zwischen den Welten zu wandern schien. Die Hebamme tröpfelte erneut ein wenig von der Tinktur auf Silayas Zunge und sagte leise: „Komm

Silaya! Deine Kinder brauchen dich! Ganz besonders deine kleine Gaiala wird ohne dich kaum überleben!"

Die junge Frau stöhnte leise auf und stammelte im Fieberwahn: „Gaiala! Gaiala, halte durch!" Immer wieder sagte sie diese wenigen Worte und Jaroda entließ die helfende Zofe, denn sie wollte mit Silaya allein sein. Wieder wechselte sie die Wickel und sprach beruhigend auf die kranke, unruhige Frau ein: „Silaya – hörst du mich? Wir haben eine gute Amme für Gaiala gefunden, aber du solltest sie selbst säugen. Halte *du* jetzt durch, damit Gaiala durchhalten kann". Noch einmal träufelte sie ihr drei der Tropfen ein und nach kurzer Zeit beruhigte Silaya sich ein wenig. Jaroda prüfte und sah, dass der Blutfluss abgenommen hatte und schöpfte Hoffnung, dass die beiden Neugeborenen nicht ohne ihre leibliche Mutter aufwachsen mussten. Sie hoffte, dass Silaya endlich in einen Erholungsschlaf fallen würde, damit der Körper Zeit zum Regenerieren fand. Die Hebamme setzte sich erneut neben das Bett und fühlte die heiße Hand der jungen Mutter, in deren blassem Gesicht sich die Anstrengung der letzten Stunden widerspiegelten. Jaroda redete leise auf sie ein: „Silaya! Du darfst jetzt nicht aufgeben! Ich weiß, dass du zwischen den Welten wanderst, doch so verlockend es dir auch scheinen mag – dein Platz ist hier auf der Erde, denn deine Aufgabe ist noch nicht erfüllt. Deine kleine Gaiala braucht dich!" Die Hebamme erkannte, dass die junge Frau in einen tiefen Schlaf gefallen war. Erneut rief sie nach der Zofe, die für den ständigen Wickelwechsel sorgen sollte, während sie zum wiederholten Male das Lichtzimmer aufsuchte, um besonders nach Gaiala zu schauen.

Das kleine Mädchen mit dem roten Fleck auf der Stirn schlief fest. Seine durchsichtige Haut hatte einen rosigen Schimmer angenommen und Jaroda fühlte Erleichterung in sich aufsteigen. Zufrieden nickend wendete sie sich dem Knaben zu, der ebenfalls fest schlief. Seine Gesichtszüge waren entspannt und seine kleinen Pausbäckchen zeigten, dass sein Gesundheitszustand als ausnehmend gut bezeichnet werden konnte. Erfreut verließ sie das helle Zimmer, kehrte an Silayas Bett zurück und nickte der Zofe zu, so dass diese wieder den Raum verließ. Jaroda berichtete der schlafenden, jungen Mutter: „Deiner kleinen Gaiala geht es schon etwas besser. Nun musst du erst recht wieder zu Kräften kommen“. Im Laufe der Zeit hatte Jaroda die Erfahrung gemacht, dass die jungen Frauen trotz ihrer Ermattung sogar im Schlaf die wohltuenden und ermunternden Worte der sie begleitenden Hebamme aufnahmen. Offensichtlich verstanden sie die Botschaften, auch wenn sie die Worte nicht zu hören vermochten. Jaroda wusste, dass es eine Verständigungsebene zwischen den Seelen gab, von denen kaum ein Mann auch nur eine Ahnung zu haben schien. Die Hebamme nahm Silayas linke Hand, massierte sie gezielt an bestimmten Stellen und sprach leise: „Komm Silaya. Komm zurück! Du musst zurückkommen, denn Gaiala braucht deinen Segen. Du weißt, dass sie ohne deinen Segen ihre Aufgabe nicht erfüllen kann“. Intensiv massierte sie die Punkte an der Hand, von denen sie wusste, dass sie einen anregenden Einfluss auf die Körperfunktionen ausübten. Nachdem sie die Wickel ausgewechselt hatte, widmete sie sich dem linken Fuß der Kranken und massierte geschickt und behutsam bestimmte Punkte auf der Fußsohle. Sie wechselte in ihrer Behandlung ständig zwischen Hand und Fuß und sprach beruhigende und aufmunternde Worte. Nach einiger Zeit merkte sie, dass das Fieber der jungen Frau nachzulassen schien. Sie bat die Zofe, erneut die Pflege zu übernehmen, damit sie sich ein wenig stärken konnte.

Sie betrat die große Dienstbotenküche und bekam das gewünschte Mahl und trank reichlich Kräutertee, der eine belebende Wirkung erzielte. Frisch gestärkt kehrte sie an das Bett zurück und die Zofe zog sich zurück. Jaroda schlug die Bettdecke auf, griff nach einem Waschhandschuh und begann, die Frau mit kaltem Wasser abzureiben. Dabei achtete sie sehr genau darauf, dass die Streichrichtung stets von innen nach außen und von oben nach unten führte, eine Vorgehensweise, die die Körperenergien zum Fließen bringen würde.

Silaya stöhnte leise und Jaroda setzte ihre kräftige Behandlung unvermindert fort, wohl wissend, dass die junge Frau sehr bald erwachen würde.

Und tatsächlich öffnete Silaya kurze Zeit später ihre Augen. Mit leiser, müder Stimme fragte sie: „Was ist passiert?“ Lächelnd setzte sie hinzu: „Ich hatte einen wunderschönen Traum“.

Jaroda fragte leichthin, ohne ihr Tun zu unterbrechen: „Möchtest du mir davon erzählen?“

„Gern“, antwortete die junge Mutter schwach lächelnd, „ich war in einem wunderschönen Garten mit vielen, vielen prächtigen Blumen, die ich noch nie gesehen habe. Und stell dir vor – ich konnte fliegen!“ Sie amüsierte sich ein wenig bei dem Gedanken: „Aber nicht nur ich, sondern auch alle anderen in dem Garten konnten fliegen. Ich sah sogar Gaiala mit einem liebevollen Gärtner sprechen, der ihr alles erklärte. Es war wundervoll, Jaroda“. Sie seufzte und fuhr fort: „Ich wäre so gern dort geblieben, aber zwei Helfer sagten, dass ich nicht bleiben könnte und schickten mich fort. Ich habe nach Gaiala gerufen, aber sie musste durch einen anderen Ausgang den Garten verlassen. *Sie* freute sich sehr – aber *ich* war traurig, dass ich gehen musste“.

Jaroda deckte die junge Frau behutsam zu, setzte sich an ihr Bett und erwiderte: „Ja, meine Liebe, du warst auf der anderen Seite. Für einen kurzen Augenblick durftest du hinter den Schleier der Welt blicken. Wir im Ried kennen die Bedeutung solcher Erlebnisse, die den meisten anderen unseres Volkes verborgen bleibt. Dort, wo der Fluss die Biegung macht, kreuzen sich Erdlinien, die schon vor Hundertzwanzig Jahren dem nordischen König den Weg wiesen“. Lächelnd fügte sie hinzu: „Warum, glaubst du, fühlen sich die Tiere auf dem Berg so wohl? Sie spüren diese besonderen Energien viel besser als wir. Weißt du, Silaya, hättest du in deiner Heimat im Osten und nicht im Ried deine Kinder zur Welt gebracht – wer weiß, ob du wieder zurückgekommen wärest?“ Sie schüttelte ihren Kopf: „Nein, Gaiala sollte nirgendwo anders, als hier im Ried geboren werden. Sie ist für mich ein weiterer Beweis für die Besonderheit meiner Heimat. Deine Tochter hat eine große Aufgabe zu erfüllen, denn das Mal des Himmels ist ihr auf der Stirn eingebrannt. Sie ist eine wahre Tochter des Rieds".

Jaroda erhob sich und schickte nach Kassara, die kurze Zeit später eintrat. Lächelnd sagte sie: „Deiner Herrin geht es besser. Besorge eine kräftige Brühe und ein wenig vom frischen Weißbrot. Dann möge der Knabe gebracht werden, damit Silayas Milchfluss angeregt wird". Kassara seufzte erleichtert, erledigte prompt die Anweisungen der Hebamme und erschien kurze Zeit später mit einem Diener, der Suppe und Brot brachte, während sie Regos gut eingewickelt in Silayas Arme legte. Liebevoll sah die junge Mutter auf das kleine Bündel, während Jaroda ihr zeigte, wie sie das Kind anzulegen hatte, damit es mit der kostbaren Muttermilch versorgt werden konnte. Silaya streichelte über sein Köpfchen, spielte mit seinen kleinen Fingern und freute sich über seinen großen Appetit. Als der Knabe eingeschlafen war, wickelte Kassara ihn wieder ein und trug ihn in das Lichtzimmer. Sie kehrte mit Gaiala zurück, die ebenfalls gut eingewickelt war. Vorsichtig und behutsam legte Silaya auch das kleine Mädchen an, das sofort zu saugen begann. Die junge Mutter streichelte zärtlich über das Mal auf der Stirn. Jaroda lächelte: „Das sind die Mädchen aus dem Ried! Sie lassen sich nicht am Leben hindern – egal, wie schwierig auch die Dinge scheinen mögen!" Nach kurzem Zögern setzte sie hinzu: „Gib ihr deinen Segen Silaya."

Die Frau im Bett legte ihre Hand behutsam auf den Kopf des Neugeborenen und flüsterte ihm ins Ohr: „Gaiala – ich segne dich im Namen des Allmächtigen. Ich weiß, dass du dir eine schwierige Lebensaufgabe gestellt hast. Und ich weiß, dass du über die besonderen Fähigkeiten verfügst, die dir die Meisterung der Aufgabe ermöglichen werden.“ Sie zeichnete ein kleines Kreuz auf die Stirn, direkt auf dem roten Mal und reichte Jaroda das Kind.

Die Hebamme wickelte es rasch in die Tücher und brachte das Mädchen, das nun gute Überlebenschancen hatte, zurück in das helle Zimmer.

In den nächsten Tagen und Wochen erholten sich sowohl Silaya, als auch die beiden Kinder. Manchmal suchte Silaya das helle Zimmer auf, um mit ihrer Tochter in eine stumme Zweisprache einzutreten, wenn die Amme mit dem Knaben den Raum verlassen hatte: „Du bist ein ganz besonders Menschenkind, Gaiala. Ich weiß, dass du ein starkes Kind der Erde bist und die Erdlinien dir deinen Weg weisen werden. Sei gewiss, dass dich der Gärtner im großen Garten am Ried braucht. Du wirst eines Tages die Geschicke vieler Menschen am Fluss lenken. Sei weise und nutze die Macht – aber nie, ohne das Wissen um die Verantwortung.“

Die Beziehung zwischen Mutter und Tochter entwickelte sich zu einer innigen Seelenverbindung, wie sie der Vater mit seinem Sohn Regos nie aufzubauen vermochte. Der Knabe wurde von seinem Vater verwöhnt und jeder Wunsch erfüllt, jedoch war es geprägt von

Kräftemessen und Mutspielen, an denen Gaiala keinen Gefallen finden konnte. Das Mädchen wuchs, von der Mutter behütet, zu einer hübschen, jungen Frau heran, die sich durch Klugheit, großes Einfühlungsvermögen und vorausschauendes Wissen bei gleichzeitiger Zurückhaltung auszeichnete. Gaiala war oft im Garten unter dem mächtigen Eichenbaum zu finden, wo sie, in ein Buch vertieft, alles um sich herum vergaß. Silaya beobachtete ihre Tochter häufig, wie sie mit leerem Blick in eine Ferne schaute, die offensichtlich nur in deren inneren Schau existierte. Oft erschrak sie, denn Gaialas Gesicht war in solchen Momenten wie mit einem Glanz überzogen, der ihre ohnehin zarte Gestalt fast unwirklich erscheinen ließ.

An einem sonnigen Frühlingsmorgen setzte sie sich neben Gaiala unter den Baum und fragte: „Liebes Kind – ich sehe dich oft hier sitzen. Manchmal scheinst du mit deinen Gedanken ganz weit fort zu sein. Was bewegt dich in solchen Augenblicken?"

Das zierliche, blonde Mädchen lächelte, senkte den Kopf und antwortete ernst: „Du weißt, dass ich Dinge sehe, die anderen Menschen verborgen bleiben. In letzter Zeit häufen sich beunruhigende Bilder von einer Menschenmenge, die sich sehr über ein Ereignis erregt, das stattfinden soll." Sie zögerte und fuhr gedehnt fort: „aber – irgendwie hast du etwas damit zu tun, wie auch Jaroda eine Rolle spielt. Nur – ich weiß nicht genau, was da geschieht".

Als sie hilflos mit den Schultern zuckte, nahm Silaya sie zärtlich in den Arm und beruhigte sie: „Mach dir keine Sorgen mein Kind. Bisher haben sich deine Bilder stets als zutreffend, wie auch als freudige Ereignisse herausgestellt."

Gaiala schüttelte heftig ihren Kopf: „Nein Mutter! Dieses Mal ist es anders! Die Bilder fühlen sich nicht gut an. Im Gegenteil! Noch nie habe ich derart bedrohliche Gefühle erlebt, wie bei diesen Bildern."

Silaya umarmte sie erneut und erwiderte: „Vertrau auf deine inneren Kräfte. Ich ängstige mich nicht, denn ich habe einmal in meinem Leben hinter den Vorhang auf die andere Seite geschaut. Was immer auf Erden geschieht – wir brauchen uns keine Sorgen zu machen, denn der große Gärtner wacht über uns." Gaiala seufzte, schwieg jedoch.

Wie sehr ihre Ahnungen alsbald real werden sollten, erfuhr Silaya schon wenige Tage später. Am späten Abend, als der Mond bereits aufgegangen war, klopfte es laut an der schweren Holztür. Der Diener im Haus der Kelor Familie fragte: „Wer da?" Und als die leise Stimme ihren Namen flüsterte, öffnete er rasch die Tür. Jaroda schlüpfte schnell durch den Türspalt und der Dienstbote drehte rasch den Schlüssel um und verriegelte den Eingang.

Mit schnellen, abgehackten Sätzen sagte Jaroda: „Schnell! Lass mich zu Silaya! Es ist äußerst dringend!"

Als der Mann verwundert die Brauen hoch zog, um seinem Missfallen ob der ungewöhnlichen Bitte der späten Besucherin Ausdruck zu verleihen, drängte die weißhaarige Frau: „Rasch! Es geht um Leben und Tod!“

Nun vom Tonfall alarmiert, eilte er in das Schlafgemach seiner Herrin und erzählte ihr von der äußerst befremdlichen Bitte der Besucherin.

Ohne zu zögern sprang Silaya aus dem Bett, schlüpfte in ihren warmen Nachtmantel und suchte die ältere Frau in der Empfangshalle auf. Sie führte sie in einen kleineren Nebenraum, bat sie, Platz zu nehmen und hörte aufmerksam zu, was sie zu sagen hatte.

„Bitte Silaya“, bat Jaroda flehentlich, „bitte hilf mir! Die Männer des Bischofs wollen mich gefangen nehmen. Sie behaupten, ich sei eine Hexe, die mit dem Teufel im Bunde steht! Du weißt, dass das nicht wahr ist! Bitte hilf mir!“ Silaya war blass geworden und ihre Gedanken überschlugen sich. Die mittlerweile weißhaarige Jaroda, die so vielen Kindern verholfen hatte, das Licht der Welt zu erblicken, war in den Teufelskreis aus Intrigen, Denunziationen und Bespitzelung geraten, wie es vielen der weisen Frauen jener Zeit zugestoßen war. Die meisten von ihnen waren auf dem Scheiterhaufen verbrannt worden, weil manches der geborenen Kinder das für Väter unerwünschte Geschlecht des Mädchens vorwies und sie der Hebamme die Schuld dafür gaben. Andere wollten sich an ihnen rächen, weil sie ihnen die Schuld an Totgeburten aufbürdeten. Doch die meisten weisen Frauen wurden denunziert, weil junge Frauen, aus Angst vor ihren Ehemännern, die Schuldzuweisungen und unerträglichen Bestrafungen für fehlende Stammhalter auf die Hebammen übertrugen. Die Wut der Männer sollte auf diese Weise eine für die jungen Frauen erträgliche Lebensweise ermöglichen. Auch Jaroda war von einer Gebärenden, die ihr viertes Mädchen zur Welt gebracht hatte, der Hexerei bezichtigt worden. Der Ehemann, außer sich vor Wut über ein weiteres Mädchen, hatte den Geistlichen in der großen Kirche über die vermeintlich dunklen Machenschaften der Hebamme in Kenntnis gesetzt. Die Inquisitoren der Kirche übernahmen die Untersuchung und kamen zu dem Schluss, dass bei Geburten, die von Jaroda begleitet wurden, überdurchschnittlich viele Mädchen das Licht der Welt erblickten. Sie legten einen Termin fest, an dem die hochnotpeinliche Befragung durchgeführt werden sollte und sendeten ihre Schergen aus, die Jaroda verhaften sollten. Durch eine kleine Seitentür in ihrer Hütte konnte die Hebamme noch rechtzeitig entweichen und in das Haus der Kelor Familie flüchten.

Silaya überlegt kurz und meinte dann: „Folge mir. Ich zeige dir einen Weg zum Dachboden, wo dich keiner entdecken wird“. Sie begleitete die alte Frau zum Dachboden, wo ein altes Bett hergerichtet wurde, auf dem sich Jaroda ausruhen konnte. „Ich werde mir überlegen, wie es weitergehen wird, liebe Freundin“, sagte Silaya leise und kehrte in ihr Schlafgemach zurück. Lange Zeit lag sie mit geöffneten Augen auf ihren Kissen und versuchte, eine Lösung für Jarodas Problem zu entdecken, doch ihr wollte kein Weg einfallen, der das vorgezeichnete Los der weisen Frau hätte abwenden können. Übermüdet fiel sie in einen traumlosen, unruhigen Schlaf.

Am frühen Morgen wurde sie von einer kleinen, zarten Hand sanft geweckt und hörte ihre Tochter flüstern: „Mutter, wach auf! Es ist soweit!“. Mit einem leisen, unterdrückten Schrei richtete Silaya sich auf und fragte erschreckt: „Was ist los?“

Gaialas Hand streichelte über ihre Wange und die Tochter wiederholte: „Es ist soweit, Mutter! Komm – ich weiß jetzt, was ich zu tun habe“. Sie zog Silaya ungeduldig aus dem Bett und begab sich in den großen Garten. In der angenehmen, kühlen Luft umarmte sie ihre Mutter innig und erklärte der verwirrten Frau: „Erinnerst du dich an meine beunruhigenden Bilder?“ Als Silaya nickte, fuhr sie fort: „Ich hatte letzte Nacht eine Vision, die mir klar zu erkennen gab, dass heute meine Aufgabe beginnt. Ich weiß, dass Jaroda in unserem Haus Zuflucht fand. Ich weiß auch, dass wir ihr helfen können, den Schergen des Bischofs zu entkommen. Aber – wir können sie nicht vor ihrem Schicksal bewahren, denn ihre Aufgabe ist unabdingbar mit meiner verknüpft. Das muss sie bei meiner Geburt intuitiv gewusst haben, denn ihr verdanke ich mein Leben. Du weißt – ohne sie hätte ich nicht überlebt. Deshalb bin ich zutiefst dankbar, dass ich ihr heute ein wenig von meiner Liebe zurückgeben kann, die sie mir einst so bereitwillig schenkte“.

Erschrocken schaute Silaya ihre Tochter an: „Kind! Wovon redest du?“

Doch Gaiala antwortete gelassen: „Sei unbesorgt, Mutter! Du hattest Recht! Meine Ankündigungen und Prophezeiungen haben sich stets als freudig erwiesen. Auch dieses Mal wird es so sein, denn der Zorn der Menschenmenge richtet sich nicht auf Jaroda oder dich, sondern auf die Geistlichen, die Jaroda auf dem Scheiterhaufen verbrennen wollen.“

„Weißt du, was du da sagst?“, fragte Silaya ungläubig. Das Mädchen lächelte leise und antwortete: „Und ob ich das weiß, liebe Mutter! Wie ich gerade sagte, habe ich klare Bilder empfangen, die mir, wie immer, den Weg weisen. Mach dir keine Sorgen, denn es wird alles gut werden.“ Als sie den skeptischen Blick der Mutter erhaschte fügte sie hinzu: „Vertraue mir!“

Silaya führte ihre Tochter auf den Dachboden, wo die müde, alte Jaroda noch im Tiefschlaf verweilte. Sanft weckte Gaiala die gute Frau und erzählte ihr von ihrer Vision, während Silaya für ein kleines Frühstück sorgte, das sie nach kurzer Zeit herein brachte. Die Hebamme lauschte hellwach und mit großen Augen den Worten der zierlichen, jungen Frau. Als diese geendet hatte fragte sie voller Verblüffung: „Und das sollen tatsächlich *wir beide* vollbringen?“

Gaiala lachte leise: „Glaubst du mir nicht?“

„Doch, doch!“, entgegnete die Weißhaarige schnell, „es erscheint mir nur so unwahrscheinlich, weil ausgerechnet du, als Mädchen, den mächtigen Inquisitoren erfolgreich entgegen treten sollst!“

Doch Gaiala verkündete mit klarer Stimme: „Das Bild der Frau aktiv zu verändern, sie aus der wahnhaften Verbindung mit dem Bösen, wie es den Menschen seit Jahrhunderten vermittelt wird, zu befreien und ihre wahre Bedeutung aufzuzeigen ist meine Aufgabe. Ich gebe zu – es ist keine geringe Aufgabe, doch wurde ich mit den Fähigkeiten ausgestattet, die ich für diese Aufgabe benötige." Sie lächelte Jaroda ermunternd an und fügte hinzu: „Du müsstest es besser wissen, als jeder andere Mensch!"

Die alte Frau lächelte nun ebenfalls und erwiderte: „Du hast Recht Gaiala. Ich wusste, dass du ein besonderes Menschenkind bist."

Silaya, die bisher geschwiegen hatte, sagte leise: „Deshalb hab ich dir diesen Namen gegeben, denn du bist die Hüterin der Erde, der *Mutter* Natur, der Gaia. Du trägst wesentlich dazu bei, dass das Weibliche eine neue Deutung in der Welt erfährt." Sie stand auf, straffte ihren Körper und sagte: „Wir sollten unseren Plan gemäß deiner Vision aufstellen, Gaiala." Zu Jaroda gewendet fragte sie: „Stimmst du mir zu?"

Die alte Frau rappelte sich hoch, setzte sich auf die Bettkante und nickte bedächtig: „Ja Silaya. Ich vertraue deiner Tochter. Lasst uns also festlegen, wie wir vorgehen."

Gemeinsam betraten die drei Frauen den Gartenpavillon, in dem sie auf feinem Büttenpapier Notizen niederschrieben, wie der Plan am Erfolg versprechendsten durchgeführt werden konnte. Aufgrund der empfangenen Bilder war Gaiala die unbestrittene Wortführerin der kleinen Gruppe. Mit klarer, entschiedener Stimme formulierte sie das Vorgehen derart logisch und weitsichtig, dass die beiden Älteren nur erstaunt ihre Zustimmung nicken konnten.

Als erstes erhielt Jaroda neue, farbenprächtige Kleidung, die ihr das Erscheinen einer wohlhabenden Frau verlieh. Auf diese Weise sollte ihr von dem geistlichen Gremium der nötige Respekt entgegen gebracht werden, denn normalerweise waren weise Frauen eher in dunkle Gewänder gehüllt. Schließlich wählte Gaiala ein schneeweißes Gewand für sich aus, dass ihre Zierlichkeit betonte und ihrer Erscheinung ein fast engelhaftes Aussehen gab. Auch Silaya kleidete sich in ein farbenprächtiges Brokatgewand, dass ihre edle Herkunft unterstrich. Gemeinsam begaben sich die Frauen in das Haus der Gerichtsbarkeit, in dem auch die Inquisitoren ihre Räume unterhielten. Schon, als die Frauen das Gebäude betraten, sammelte sich im Nu eine Menschenmenge vor dem Eingang, denn drei Frauen mit diesem offensichtlich hochherrschaftlichen Rang, waren höchst selten im Gerichtsgebäude anzutreffen. Gaiala freute sich, denn der erste Teil ihres Plans war bereits geglückt. Sie hatte durch das Auftreten gehofft, dass eine interessierte Menschenmenge dem Geschehen den gewünschten Rahmen verlieh.

Zielstrebig gingen die drei Frauen in den ersten Stock des Gebäudes, gefolgt von der Menschenmenge, die eine ungewöhnliche Aufregung erwartete. Der Dominikanermönch Thomas stellte sich den Frauen entgegen und fragte herablassen: „Was wünschen die Frauen?“

Gaiala trat einen Schritt vor und antwortete ebenso herablassend: „Wer seid Ihr, dass Ihr mir eine solche Frage stellt?“ Sie warf ihren Kopf zurück und sah ihn mit durchdringendem, offenem Blick an.

Der schwarz gekleidete Mönch zuckte zusammen, duckte unwillkürlich seinen Kopf und kniff seine Augen zu schmalen Schlitzen zusammen. Vorsichtig erwiderte er: „Ich bin der Dominikanermönch Thomas und der oberste Inquisitor.“ Nach einer kurzen Pause setzte er hinzu: „Und wer seid Ihr?“

Gaiala erwiderte mit glockenklarer Stimme: „Ich bin Gaiala von Kelor und ich wünsche auf der Stelle zu wissen, wessen Ihr meine beste Freundin, die Hebamme Jaroda beschuldigt?“

Der Mönch lachte hinterhältig. „Wisst Ihr nicht, dass sie mit dem Teufel im Bunde steht? Oder gehört Ihr selbst auch zu diesem Zirkel?“

Unruhiges Murmeln ertönte aus der Menge. Der böse, durchdringende Blick des Inquisitors sollte Gaiala ängstigen, doch diese lachte. „Habt Ihr die letzten fünfzig Jahre verschlafen? Ist es Euch noch nicht zu Ohren gekommen, dass die Zeit der Hexenverfolgung schon längst vorbei ist? Selbst König Friedrich Wilhelm der I. hat 1714 die Hexenverfolgung untersagt, aber offensichtlich glaubt Ihr als Kirchenvertreter noch immer Wege zu finden, den Erlass zu umgehen!“

Wieder ertönte das unruhige Gemurmel aus der Menge. Der Mönch fühlte sich in seiner Kutte eindeutig unwohl und versuchte, die Damen in seinen Raum zu führen, damit die Menge ausgeschlossen blieb.

Doch Gaiala, die den Versuch durchschaute, dachte nicht daran, dem Bemühen zu folgen. Stattdessen fragte sie offen: „Wollt Ihr die Menschen, denen Ihr angeblich dient, von diesem Gespräch ausschließen?"

Ertappt erwiderte der Mönch verärgert: „Seid Ihr nicht mutig genug, diese Anklage, wie sie mir vorgetragen wurde, allein mit denen zu besprechen, die dafür zuständig sind?"

Gaiala lachte erneut. „Wer hat Euch diese Befugnis erteilt? Glaubt Ihr, dass Ihr an der weltlichen Gerichtsbarkeit vorbei, eigene Gesetze aufstellen könnt? Ihr solltet erneut das Untersuchungsergebnis von dem ehrenwerten Christian Thomasius aus Leipzig studieren oder bevorzugt Ihr eine öffentliche Lesung seiner Schriften?"

Der Mönch erbleichte und fragte nervös: „Was kann ich für Euch tun, werte Frau?"

Gaiala lächelte und antwortete: „Ich wünsche zu wissen, worauf sich die Anklage gegen Jaroda stützt?"

Der Mönch suchte nach Worten und stammelte: „Verzeiht. Wie Ihr wisst, ersetzt das Erfahren von Fakten die Anklageschrift."

„Ihr meint also", entgegnete Gaiala verwundert, „dass eine einfache Denunziation von einem unbekannten Feigling für eine Folter der unschuldigen Frau ausreicht, ohne den Denunzianten der Wahrheitsprüfung zu unterziehen?"

Die Menge murmelte eindeutig ihre Zustimmung und der Mönch wurde zunehmend nervöser. Schließlich wagte er noch einen letzten Versuch: „Ich muss die

Angelegenheit mit meinem Bischof klären, bevor ich dazu öffentlich Stellung nehmen kann. Sicher wird er sowohl mit dem Kardinal, als auch mit dem Papst Rücksprache nehmen. Erst dann bin ich in der Lage, entsprechende Erklärungen abzugeben."

„Gut", erwiderte Gaiala herablassend, „bis dahin wünsche ich keinerlei Belästigung der ehrenwerten Jaroda. Ich nehme an, dass Ihr mich richtig verstanden habt. Die Frau wird im Hause der Kelor Familie verbleiben. Und wisst – ohne gültigen Gerichtsbeschluss, werde ich jeden zur Verantwortung ziehen, der über meine Freundin Lügen verbreitet. Ich wünsche einen guten Tag." Mit diesen Worten drehte sie sich um und verließ das Gebäude hoch erhobenen Hauptes, gefolgt von der erregten Silaya und der still lächelnden Jaroda. Die Menschenmenge formierte eine Gasse, durch die die drei Frauen ungehindert ihren Weg nach Hause antreten konnten. Noch lange standen Gruppen von Bürgern vor dem Gerichtsgebäude und disputierten aufgeregt über das Auftreten der schönen, zierlichen, jungen Frau. Wie ein Lauffeuer verbreitete sich die Neuigkeit im kleinen Ort am großen Fluss – dort, wo die Flussbiegung schon seit Jahrzehnten eine besondere Bedeutung einnahm.

Zu Hause angekommen, ließ Gaiala sich auf den Sessel fallen und meinte: „Puh! Das war hart!"

Jaroda nahm ihr gegenüber Platz, während Silaya noch immer sehr erregt im Zimmer auf und ab wanderte. Sie blieb vor ihrer Tochter stehen: „Weißt du, auf was du dich eingelassen hast?" Rote Flecken der Erregung zeigten sich auf ihrem Gesicht, als sie fort fuhr: „Vielleicht stehst du bald selbst vor diesem Mönch und bettelst um dein Leben!“ Sie schüttelte ihren Kopf und lief weiter auf und ab. Gaiala erhob sich, umarmte Silaya und entgegnete: „Liebste Mutter! Du kannst ganz beruhigt sein. Es wird im Ried keine Hexenverfolgung mehr geben. Auch keine Hexenverbrennung mehr.“ Sie zögerte, zog ihre Mutter in den Sessel und setzte hinzu: „Du hast dich oft gewundert, was ich im Garten lese und was ich sehe. Nun ist die Zeit gekommen, da du erfahren sollst, was meine Aufgabe ist. Ich habe seit vielen Jahren die Schriften der großen Juristen und Humanisten unserer Zeit studiert. Ganz besonders haben mich die Schriften des Christian Thomasius beeindruckt. Kannst du dir vorstellen, dass eine völlig neue Welt entsteht? Eine Welt, in der es keinerlei Folter, keine Hexenverbrennung mehr gibt? In der die Frau endlich den ihr gebührenden Platz einnimmt, ohne Angst vor Schlägen? Kannst du dir vorstellen, dass es Wissenschaften geben wird, die nicht mehr durch die Vorherrschaft der Theologie eingegrenzt werden?“

Silaya schüttelte ungläubig den Kopf: „Was hast du für seltsame Ideen? Der Platz der Frau war und ist an der Seite eines starken Mannes, dem sie Kinder schenkt, den Haushalt führt und von allen Alltäglichkeiten entlastet.“

Gaiala lächelte und entgegnete: „Ja, Mutter, das war tatsächlich so. Aber doch nur, weil uns diese Rolle von den herrschenden Männern auferlegt wurde. Ich denke nicht daran, zu heiraten. Ich will mich ganz und gar der

Befreiung der Frau widmen. Ganz besonders im Bereich der Gerichtsbarkeit, in der Frauen noch immer wie nicht göttlichen Ursprungs behandelt werden. Ich weiß, dass ich dazu berufen bin, für die Frauen im Ried einzutreten. Gewähre mir das Studium der Gerichtsbarkeit, denn nur dann kann ich vor den hohen Richtern meinen Auftrag ausführen".

Völlig konsterniert hatte Silaya die Worte ihrer Tochter vernommen. Sie wusste, dass sie dem Wunsch zustimmte, auch, wenn der Vater sicherlich Sturm laufen würde. Sie lächelte Gaiala liebevoll an und erwiderte: „Ja, mein Kind. Ich wusste, dass du einen besonderen Weg gehen würdest, doch niemals hätte ich gedacht, dass er diese Richtung nähme. Du wirst diesen Weg so oder so gehen. Niemand wird dich davon abhalten, denn es ist deine Bestimmung. Ich segne dich dafür." Sie umarmte die zierliche Frau und Gaiala dankte ihr.

Nun meldete sich Jaroda zu Wort: „Gaiala, mein Ziehkind. Ich wünsche dir für dein Vorhaben den Segen Gottes und alles Glück der Welt, denn deine Aufgabe ist keine leichte. Du wirst große Mühe haben, einen Lehrer zu finden, der dir entsprechende Unterweisung gibt, so dass du eine anerkannte Juristin sein kannst." Gaiala umarmte auch die alte Frau und sagte liebevoll: „Gute Jaroda. Dir gebührt mein Dank, denn du warst wesentlich an meinem Werden beteiligt." Erneut wendete sie sich an ihre Mutter: „Ich habe in der letzten Woche die Vision gehabt, in der du und ich in einem prächtigen Garten verweilten. Es gab dort wunderschöne, prächtige Blumen, wie ich sie noch nie zuvor gesehen habe. Ein Gärtner erklärte mir genau, welche Aufgabe ich in seinem Garten zu erfüllen habe und warum nur ich sie erfüllen kann. Und dann sah ich dich, doch der Gärtner nahm meine ganze Aufmerksamkeit in Anspruch. Und dann sah ich, wie zwei Helfer dir zeigten, welchen Weg du zu gehen hast, während der liebevolle Gärtner mich durch einen anderen Ausgang begleitete. Ich weiß jetzt, dass wir alle nur einem einzigen, großen Dirigenten folgen, der jedem Individuum eine eigene Stimme, ein eigenes Instrument vermachte, damit die große Sinfonie, die er komponierte, harmonisch klingt. Keiner von uns braucht sich Sorgen zu machen, denn in unserem tiefsten Inneren, unserer Seele wissen wir alle, dass zu jedem Zeitpunkt auf Erden die perfekten Umstände herrschen. Es gibt nichts zu verurteilen, sondern nur im eigenen Inneren zu korrigieren. Der Mensch ist nicht schlecht, sondern allzu oft nur unwissend. Ich habe es mir zur Aufgabe gemacht, wie der Gärtner mir erklärte, die Menschen meiner Zeit, zum Aufwachen zu bewegen. Wir alle wollen lernen, auch, wenn es so aussieht, als ob viele Menschen im Stillstand nach Sicherheit suchen. Ich lasse mich nicht täuschen. Auch diejenigen, die an alten Zöpfen festhalten, spielen im großen Weltenkonzert ein Instrument, das ihnen vom Gärtner gegeben wurde."

Über Silayas Gesicht rannen Tränen, denn sie fühlte die Wahrheit der Worte, die ihre Tochter so leicht ausgesprochen hatte.

Als hätte Jaroda ihre Gedanken gelesen bemerkte die alte Frau: „Ja! Manchmal weiß man in seinem Inneren einfach, wenn jemand die Wahrheit spricht. Und du, liebe Gaiala, hast die Wahrheit gesprochen. Wir schreiben das Jahr 1768 nach Christi und in der heutigen Zeit brauchen wir mutige Frauen, wie du es bist, damit sich die Welt zu einer Ordnung bekennt, in der Frauen die gleichen Rechte zugestanden werden, wie Männern."

In Gaialas Antwort schwang das Bewusstsein großer Verantwortung mit: „Ich weiß liebe Jaroda, dass ich einen Blick hinter den Schleier tat. Auf der anderen Seite erkennen wir, dass das Leben nie endet. Doch wir sollten auch erkennen, dass wir auf der Erde nicht leiden müssen. Die Erlösung findet nicht erst im Tod statt, sondern kann zu jedem Zeitpunkt – auch während unseres Erdenlebens – von uns erlangt werden. Wir müssen es nur wahrhaft wollen."

Gaialas Lebensweg lag klar von den Augen aller drei Frauen. Seit dieser Zeit fand im Ried keine Hexenverbrennung mehr statt, während im Süden des Landes, in einem kleinen Ort namens Kempten, die Hexenverbrennung erst sieben Jahre später eingestellt werden sollte.

Gaiala war die erste Frau, die vor den hohen Richtern sprechen und Angeklagte verteidigen durfte. Sie setzte sich insbesondere für die Humanisierung der Strafprozessordnung ein, die allmählich im gesamten Land Verbreitung fand.

Am Sterbebett von Jaroda begleitete Gaiala die Freundin bis zur letzten Sekunde ihres irdischen Lebens. Als die alte Frau aufhörte zu atmen, schloss Gaiala ihr liebevoll die Augenlider, gab ihr einen sanften Kuss auf die Stirn und flüsterte: „Jetzt bist *du* auf der anderen Seite und kannst dich an den prächtigen Blumen im Garten des ewigen Lebens erfreuen. Lebe wohl, Jaroda. Wir sehen uns eines Tages wieder. Auf der anderen Seite.“

ENDE